花开中国

圣地仰韶

仰韶文化彩陶纹饰复原研究

王苹 著

文物出版社

图书在版编目（CIP）数据

圣地仰韶　花开中国 ： 仰韶文化彩陶纹饰复原研究 / 王苹著. -- 北京 ： 文物出版社, 2025. 5. -- ISBN 978-7-5010-8335-0

Ⅰ. K876.34

中国国家版本馆CIP数据核字第2025T4B804号

圣地仰韶　花开中国

——仰韶文化彩陶纹饰复原研究

著　　者　王　苹

责任编辑　孙　丹

责任印制　王　芳

出版发行　文物出版社
社　　址　北京市东城区东直门内北小街2号楼
邮政编码　100007
网　　址　http://www.wenwu.com
邮　　箱　wenwu1957@126.com
经　　销　新华书店
制版印刷　天津裕同印刷有限公司
开　　本　787mm × 1092mm　1/12
印　　张　9 1/3
版　　次　2025年5月第1版
印　　次　2025年5月第1次印刷
书　　号　ISBN 978-7-5010-8335-0
定　　价　230.00元

作者简介

王苹

出生于山东省青岛市，自幼学习绘画。

1992 年毕业于中央美术学院附属中等美术学校。

1996 年毕业于中央工艺美术学院（现清华大学美术学院）染织与服装设计系。

1996～2007 年，在北京市工贸技师学院工作，任讲师。

2008～2023 年，在中国社会科学院考古研究所工作，从事考古绘图及美术考古、少数民族服饰研究。

作品与论著

1997 年，服装设计作品《晚安香港》荣获迎香港回归全国师生服装设计大赛金奖。

已出版《中国少数民族服饰文化研究》（专著）、《西辽河流域史前陶器纹饰图录》（合著）、《红山古国——敖汉旗红山文化典型遗址》（合编）、《大辽丹青——敖汉辽墓壁画》（合著）。

已发表《敖汉兴隆沟红山文化整身陶人艺术特征及性质探析》《从考古发现看辽西地区龙的起源》（合著）、《妇好墓出土人像及相关问题探讨》等论文 10 余篇。

项目

◎ 2023 年

主持河南省第二十八届黄河文化旅游节仰韶文化彩陶考古文创设计及时装秀工作。

任殷墟博物馆首席文创设计专家，主持殷墟博物馆新馆开馆文创设计及时装秀。

◎ 2024 年至今

担任中国社会科学院文化发展促进中心文创工作室负责人、首席文创设计专家，主持考古文创及相关设计工作，同时承担教育部留学服务中心对外宣传的挂历、台历设计及河南南水北调博物馆“大唐 · 青花瓷”系列文创产品研发设计等项目。

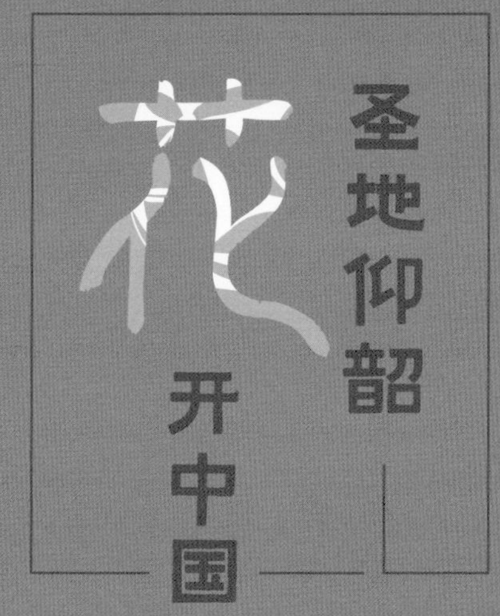

仰韶文化彩陶纹饰复原研究

目 录

仰韶文化彩陶纹饰展开复原方法与实例探析

庙底沟类型彩陶及其纹饰

前言

庙底沟遗址位于河南省三门峡市湖滨区韩庄村，是中国最为著名的新石器时代考古遗址之一。1956～1957年，为配合黄河三门峡水利枢纽工程的建设，文化部和中国科学院考古研究所组成黄河水库考古工作队，对庙底沟遗址开展了第一次大规模的考古发掘工作，揭露面积4480平方米，发现并命名了庙底沟文化和庙底沟二期文化。2002年5月，河南省文物考古研究所（后改为院）联合三门峡市文物考古研究所、郑州大学考古系等单位对庙底沟遗址进行了抢救性发掘，揭露面积2万多平方米，发现庙底沟文化、西王村文化及庙底沟二期文化等时期保存完好的房址10余座，灰坑和窖穴800余座，陶窑20余座，出土了一大批具有重要价值的实物资料。

在庙底沟遗址出土的众多遗物中，彩陶无疑是最精彩、最重要的发现。庙底沟彩陶是黑、红、白三色的配合，主色调是红与黑、白与黑的组合，既增强了色彩的对比度，也增强了图案的冲击力，在强烈的对比中又透出艳丽的风格。庙底沟彩陶器形以钵、罐、盆为主，纹饰以花卉纹、西阴纹、豆荚纹、花瓣状地纹、对弧三角纹、鸟纹、蛙纹、几何化鱼纹、花卉地纹、网纹、圆弧纹为主，各种纹饰均已发展成熟，且所对应的器形较为固定，彩陶的典型风格已经形成。从装饰艺术的角度而论，庙底沟文化彩陶应当是史前艺术发展达到的第一个高峰。

庙底沟类型所具有的强大文化张力，使其深刻影响着周边诸考古学文化的彩陶风格，这种现象表明庙底沟类型的人文思想和精神内涵为不同区域的群体所接受，从而推动了中华原始文化共同体的形成。尤其是庙底沟类型中特有的文化因素——彩陶，对周边地区产生了极大辐射，东到海滨、西达甘青、南抵江汉、北越河套的广大地区，都发现了受其影响的彩陶，从而开创了一个前所未有的彩陶时代。这种影响是庙底沟类型扩散与传播的表现，可以说，庙底沟类型彩陶奠定了中国史前艺术发展的基础，也是史前艺术发展的一个顶峰。

本次工作对三门峡庙底沟博物馆的234件彩陶进行了拍摄与展开图的绘制。工作前期，为更好地保护文物安全、保证博物馆正常开放，工作组对整个工作流程进行了一定的调整。我们一改在博物馆内部进行拍照、测量、绘制的常规步骤，而是选择在短时间内获取彩陶各个角度的照片以及尺寸数据等资料后，再进行其他工作，将拍照、测量与绘制的步骤分开，实现了后续彩陶纹饰复原及展开的精细化操作。此次对三门峡庙底沟博物馆的部分彩陶进行的纹饰复原，是利用电脑对彩陶纹饰的一种虚拟复原，通过电脑制图把每一件彩陶纹饰 360° 展开，全面展示彩陶的纹饰。这种复原方法并不涉及原材料、颜料等问题，尽可能地保持了彩陶纹饰原貌，最大限度地还原了其本来的纹饰结构与组合，有无损害、效率高、数据准等优点。

此次工作对三门峡庙底沟博物馆馆藏的大部分彩陶都进行了“形体”的复原，收获了丰富的经验与成果，这对于探讨彩陶纹饰的内涵、来源、演变及新石器时代不同地区文化的交流与碰撞等问题都具有重要的参考意义。这批材料为学术界在此基础上进一步研究和解决仰韶文化的渊源流向、地域性差异等问题提供了更为直观的学术资料，对探讨仰韶文化在中国文明起源中的地位也具有重要的意义。同时，此次工作的目的也是为三门峡庙底沟博物馆陈列设计提供更有价值的材料，以期为博物馆未来的策展和今后仰韶文化特色因素的传播提供助力，实现文物的有效利用和博物馆的可持续发展，让庙底沟彩陶真正活起来。

壹

仰韶文化彩陶纹饰展开复原方法与实例探析

仰韶文化是最早被发现和命名的中国新石器时代考古学文化，也是目前分布地域最广、延续时间最长的史前文化，彩陶是其最为重要的文化内涵与特征之一。此前学者们针对仰韶文化彩陶纹饰的分类、构成与内涵等进行了诸多有益的讨论，但专门就彩陶纹饰复原与展开的研究与探索较少。本书以河南三门峡庙底沟博物馆馆藏的234件彩陶为研究对象，采用传统绘图与电脑制图相结合的方式，结合具体实践，探索仰韶文化彩陶纹饰复原及展开图的绘制方法，以期推进相关研究的深入。

仰韶文化，是黄河中游地区重要的新石器时代彩陶文化。1921年，瑞典学者安特生对河南省渑池县仰韶村遗址的发掘，发现了中国第一个新石器时代文化——仰韶文化，也揭开了中国近代考古学发展的序幕。经过百余年的发掘与研究，学术界对仰韶文化本身的内涵及文化性质、发展阶段、渊流等问题的认识，已与仰韶文化发现之初的情况有着天壤之别。

本书所说的仰韶文化，是指新石器时代晚期分布于黄土高原东南部以汾渭谷地为中心的一种考古学文化。陶器以红陶为主，还有少量灰陶，瓶、钵、盆、罐等是基本的陶器组合，夹砂罐是最主要的炊器，发达的彩陶纹饰是其最显著的文化特征之一。经济形态以旱地粟作农业为主，兼有采集、狩猎。其绝对年代大约在距今7000~5000年。仰韶文化是中国分布地域最广的史前文化，到了庙底沟时期其影响力更加深远，涉及河南、陕西、山西、河北、甘肃、青海、湖北、宁夏等地。仰韶文化作为具有强大生命力的文化，它向外具有较大的辐射力。尤其是彩陶的大范围传播，波及周边地区，被考古学家认为是代表了史前第一次艺术浪潮，达到史前艺术的高峰。

从考古发掘情况来看，花瓣纹在庙底沟时期的影响力相当大。1985年，苏秉琦先生在山西晋文化学术讨论会上，以“华山玫瑰燕山龙”的诗句阐释了庙底沟类型彩陶的“玫瑰花瓣”为“华”的象征意义。在《关于仰韶文化的若干问题》中，他解析了庙底沟彩陶的菊科和蔷薇科两种花纹图案。苏秉琦先生说“华山玫瑰”指的是“源于华山脚下仰韶文化的一个支系，它的一部分重要特征是重唇口尖底瓶和一枝玫瑰花图案彩陶盆”，同时苏先生还认为，庙底沟类型彩陶上的花纹，很可能就是生活在华山周围“花族”的图腾。因为远古时期“花”同“华”，所以这里很可能就是华夏名称的起源地。庙底沟类型时期是仰韶文化发展的繁盛期，这一时期的彩陶纹饰在艺术方面取得了空前的成就。

尽管自庙底沟遗址发掘以来，已经有不少专家学者对庙底沟遗址的彩陶进行了十分有建设性的研究，但在其纹饰完整的、科学的、艺术的表达展示方面仍然值得我们深究。

本书以三门峡庙底沟博物馆仰韶文化彩陶为例，通过专业摄影拍照、测量、绘图，对仰韶文化彩陶纹饰的展开复原进行一系列全面的细致研究与探索，获得了阶段性的研究成果。庙底沟博物馆展出文物约3300件，大部分为仰韶文化时期的遗物，其中能够复原的彩陶234件，均出自庙底沟遗址。

三门峡庙底沟遗址概况

庙底沟遗址位于河南省三门峡市西南3千米处的湖滨区韩庄村北。1956～1957年，因建设三门峡大坝，文化部和中国科学院考古研究所（今归属中国社会科学院）组成黄河水库考古工作队，对庙底沟遗址进行了第一次发掘。2002年，为配合工程建设，报经国家文物局批准后，河南省文物考古研究所（后改为院）、三门峡市文物考古研究所以及郑州大学考古系组成联合考古工作队对其进行了第二次大规模的抢救性发掘。由于第一次发掘的庙底沟遗址和三里桥遗址的文化遗存不同于之前发掘的西安半坡遗址，因此，当时学术界以新的视野对仰韶文化的文化内涵进行辨识，将仰韶文化划分为不同的类型。1965年，苏秉琦先生依据陶器演变规律从类型学角度论述了半坡类型和庙底沟类型的关系："半坡类型和庙底沟类型是仰韶文化在长期发展过程中形成的诸变体中两种主要的变体，而不是仰韶文化先后发展的两个阶段。"[①]20世纪80年代，张忠培先生首先提出了"庙底沟文化"的概念[②]，之后又有学者称之为"西阴文化"[③]。目前较多学者认为，仰韶文化由多个发展阶段和文化类型组成，从早至晚为半坡期、庙底沟期和西王村期，而庙底沟时期是仰韶文化的繁荣阶段。这一时期仰韶文化的分布范围进一步扩大到了整个黄河流域，甚至影响到了黄河下游和长江流域等地区。

三门峡庙底沟遗址分为二期。一期为仰韶文化庙底沟类型，二期属于仰韶文化向龙山文化过渡的遗存。庙底沟遗址一期年代约为公元前4000～前3100年[④]，以双唇小口尖底瓶和平底瓶、釜形灶、曲腹彩陶钵、曲腹彩陶盆、侈口夹砂罐、折腹圜底釜等为典型代表。彩陶多黑彩，也有白彩和红彩，纹饰以圆点纹、弧边三角纹、回旋勾连纹、花瓣纹等为主。另外许多生动的象形纹饰也引起了许多学者的兴趣，如鸟纹、鱼纹、蟾蜍纹、眼目纹（有学者将其归为几何类花纹）[⑤]。

① 苏秉琦 . 关于仰韶文化的若干问题［J］. 考古学报，1965(2).
② 张忠培 . 中国考古学：实践 · 理论 · 方法［M］. 郑州：中州古籍出版社，1994.
③ 余西云 . 西阴文化：中国文明的滥觞［M］. 北京：科学出版社，2006.
④ 张雪莲，仇士华，钟建，等 . 仰韶文化年代讨论 [J]. 考古 , 2013(11).
⑤ 严文明 . 论庙底沟仰韶文化的分期［J］. 考古，1965(2).

庙底沟遗址出土彩陶拍摄流程

文物摄影，是文物研究过程中不可缺失的一个环节，特别是对于可移动文物来说，拍摄是极其重要的一个环节。在此基础上，我们还要有一个共识，即文物摄影分为文物与摄影两个概念，对文物有一个基本的认识后，才能在摄影环节展开操作。以三门峡庙底沟遗址出土彩陶为例，彩陶归属为静物摄影范畴，彩陶的文物摄影与单纯生活中的静物摄影相比，既有共性，又有特性。二者的共通之处在于都有摄影艺术所追求的美，而彩陶等文物的摄影，除了在追求美的基础上，还要保证彩陶纹样的真实性，做到颜色不失真、器形不变形等满足学者和研究人员科研的基本客观要求，即我们常说的科学性与艺术性的高度统一，这是文物摄影的特性所在。三门峡庙底沟遗址出土彩陶种类繁多，器形各异，有的彩陶纹饰复杂，线条张力生动，遒劲有力；有的线条舒展流畅，凝练秀美。色彩上也稍有不同，有的为黄褐陶，有的为红褐陶或红陶，色彩的色调上也各不相同。所有这些特征需要我们的文物摄影在保证科学性的基础上，还要注重美学的观感，展现出更高的审美艺术价值。

（一）拍摄器材

此次拍摄使用的器材有：尼康 D6、红圈镜头、灯具、补光灯棒、三脚架、自转转盘、灰色色卡背景板、三角尺、直尺、卷尺、泡沫纸等。

考虑到图片清晰度和拍摄照片的质量，由专业摄影人员进行拍摄。拍摄相机为尼康 D6 的全画幅高速相机，以保证拍摄画面清晰并能快速存储所需要照片资料。拍摄时镜头采用红圈镜头，恒定光圈要保持较好的景深，能够配合相机实现高画质的影像；同时，开启闪光拍摄，在高速拍摄的情况下能同步相机的快门速度。由于博物馆的灯光往往都采用柔和的光源，拍摄环境比较昏暗，拍摄时架置两台补光灯棒来保证光线充足。（图 1）

（二）拍摄方法

1. 记录器号与测量

首先拍摄器物编号，这一过程对光源和拍摄方式无特殊要求。三门峡庙底沟遗址的彩陶大多出土于 2002~2003 年，此次拍摄的彩陶以 2002 年出土的为主。器形小巧者，

图 1　拍摄场景图

图 2　02SHMT317H22：85 彩陶盆拍照记录

例如钵、碗，器物编号大多在器底；器形稍大者，例如盆、罐、盖，器物编号多在器物内壁。测量采用直尺和三角尺，并将测量数据一并拍照记录。（图 2）

2. 彩陶器物角度的选择

首先拍一张器物俯视图，方便观察器物内壁及造型，利于观看口沿是否填彩，然后再进行器物的多角度拍摄。选择正确的角度区间来拍摄器物是非常重要的，这是表现彩陶美学和研究其科学性的前提。彩陶的拍摄角度主要由器物的造型、纹饰、修复面大小多寡、彩陶陶质及自身颜色等因素决定。庙底沟彩陶（以此简称本书中拍摄的三门峡庙底沟遗址出土的彩陶）大部分经过石膏修复，复原后的彩陶填彩与陶体本身遗留下来的色调有轻微偏差或者纹饰衔接不流畅等现象，容易造成器物在镜头显现下比例不匀称、不协调，这给文物拍摄要求的艺术性、科学性带来挑战。

因此，我们先将彩陶放置在自转转盘上，匀速转动转盘，观察器物在 360° 旋转下器身残缺处以及修补处是否呈现规则的器形状态。倘若不规则，会调整器物的位置，使器物转动时自身的线条尽可能均匀。位置确定之后，选取彩陶器身易于对焦的位置，例如石膏修复面与彩陶原貌交接处，因为二者色差对比明显，利于相机对焦。最后，对彩陶器物的高度进行量化。拍摄器物较小者，如彩陶钵，其高度大多在 15 厘米左右，这时不需要人为加高，否则后续相机对焦的仰拍会出现虚景。相反，如果是彩陶盆，口径超过 30 厘米，高度超过 25 厘米，则需要用亚克力板或亚克力砖垫高器物底部，再次手动对焦相机，避免仰拍造成的虚景。（图 3）

相对于普通器物的拍摄，本次课题研究目的是对彩陶纹饰的复原展开。为了 360° 拍摄到器物的整体，并且保

图 3　拍摄时调整器物位置

图 4　拍摄背景与器物的冷暖色调对比（02SHMT38H408：36 彩陶钵）

证画面不会出现透视扭曲，需要转动转台连续拍摄大量的正视图。电动转台可遥控调整转台的旋转度数，我们采用 40° 和 10° 各拍一周的方式，分别获得正视图、仰视图和俯视图。一般情况下，俯视图和仰视图需要 35 ~ 40 张，正视图需要 45 ~ 50 张，个别特殊器物的纹饰还需要一些细节拍摄，因此，一件陶器所需拍摄的照片为 120 张左右。如此精细、连贯的图片为后期绘图和复原奠定了重要的基础。

3. 背景选择

选择拍摄背景时应该注意以下几个方面：一是尽可能保留一些能点化主体所处环境的富有特征的形象；二是尽可能排除那些可有可无的杂乱景象，以免主体被背景中的杂乱线条所割裂或是被无关紧要的景象分散了注意力；三是要找到与主体可供对比的影调，避免主体被背景的影调所淹没。

拍摄庙底沟彩陶时背景的选择至关重要。背景的处理，能够体现摄影者的艺术眼光与色调的搭配能力，直接影响到文物的色度成像。在摄影学理论下，黑、白、灰通常被称为“中间色”，同时也是万能色。庙底沟的彩陶均为低温黄褐色或者红褐色，颜色并非艳丽色，符合文物自身所具有的那种神秘感或威严感。采用灰色背景板，在强光光源补充下不会产生反射白斑、器物亮度不一等弊端，能很好地拍摄出文物陶质颜色质感、器物的自身曲线以及彩陶真实的色度。（图 4）

4. 光源的选择

掌握了一定的摄影知识并不等于就能拍好庙底沟彩陶

这类颜色的器物，我们都知道没有光就没有影，但有了光仅仅只能把物体拍摄下来，这也是远远不够的。按照摄影的理论来说，摄影是用光来做画的，通过光线的照明，运用摄影的手段，把物体的轮廓、形状、色彩、立体感和空间感反映在画面上，艺术地再现被摄体的形象，表现它们的造型和美感，这才是摄影的关键。

按种类和用途，可大致将光分为三类：首先是自然光，其次是混合光，最后是人工光。自然光又可细化成直射光和散射光。直射光即类似太阳等直接照射的光源，此类光源对很多文物伤害极大，特别是有机质类文物，三门峡庙底沟彩陶施绘的彩料，同样也怕直射光源。人工光是日常生活中利用灯具产生的光源，它的光照亮度、照射角度以及明暗对比等均可人为控制，不受其他因素的影响，可以根据拍摄条件时时调整光源。因此，拍摄庙底沟彩陶时均采用人工光源。

拍摄过程中采用闪光灯加补光的方式对文物进行拍摄，左侧放置闪光灯，右侧放置补光光源。左侧闪光灯在高速的情况下能同步相机的快门速度进行闪光拍摄。右侧的补光光源在昏暗环境下补充光源，使被拍摄物体清晰地展现出来，能更好地塑造出文物的立体感与质感。（图 5）

图 5　拍摄时需补充光源

5. 相机的设置与拍摄

文物摄影对清晰度有很高的要求，拍摄时既要保证文物主体的清晰呈现，又要做好背景的虚化处理，此时便要求景深的参数。景深的设置直接影响到成像效果，尤其是拍摄的文物色彩单一或纹理不清晰时，更需要控制景深。控制文物景深的方法如下。

（1）调整光圈与物距

摄影学中的光圈与景深是对立的，光圈越大，景深越小；光圈越小，景深就越大。庙底沟彩陶文物口径范围普遍是 15 ~ 30 厘米，少数在 35 厘米以上。这就要求拍摄时景深的处理必须考虑到文物尺寸。文物与相机之间的尺寸大约控制在 50 厘米以内，这个距离在保证文物成像不超出相机 LED 屏幕的前提下，可全部收录文物的成像数据。在上述标准下，将光圈控制在 F18 在相机与文物有 50 厘米的间距下，能拍摄出较为清晰的图片。

（2）调整焦距

保持光圈和物距不变，调整焦距也可以改变景深。焦距越短，景深越大，这样可以突出周围环境的特点。在焦距变长时，景深变小，适合拍摄清晰的特写。因为文物拍摄不过分追求突出周围的环境，即使有部分周围环境要求，目的也是更好地衬托文物。所以本次拍摄在选取一定背景环境且不变的情况下，拉长焦距，可以使彩陶纹饰更加清晰。

（3）色彩平衡与曝光

相机中的色彩平衡与曝光是色彩高度还原的关键，要保证文物摄影成像的准确性与有效性，就要找到准确的白平衡。不同环境下的灯光产生的光环境大有不同。以三门峡庙底沟博物馆为例，馆内多以柔光和散射光源为主，色光偏暖，拍照时无法满足文物的色彩成像需求。在前文提到的补充灯光设置好以后，相机需要随灯光的加持而改变。此次拍摄在色温为 5500～5600 开尔文下可以显示正常颜色。如果色温设置过低，拍摄出的色彩偏暗蓝色，“年代感”略重，画质失真。若色温过高，则拍摄的影像偏红色。

（4）相机快门时速

在拍静物时，可根据拍摄对象的实际情况选择快门时速，无论是手动还是自动快门，都是在对焦完成时按下，最终完成拍摄。此次拍摄是将文物放置在转动的转盘上拍照，按快门的时间差需要注意。具体而言，就是按下相机快门的速度要大于转盘的转速。因为需要进行展开图绘制，所以拍摄间隔角度为 40° 与 10° 。每转动 40° 或 10° 时，转盘转动一次，此时将相机快门设置的速度大于转盘转动间隔即可，设置的快门速度为 1/125 秒，且与闪光灯时速同步。

三 测量与绘图

器物绘图时，我们采用了传统绘图与电脑绘图相结合的方法。传统绘图的优势在于可以呈现相机无法拍摄的特征和细节，比如在对三门峡庙底沟彩陶进行测量和绘制时，绘图人员需要近距离细致观察，用手触碰，进行目测估量，然后绘制出口沿的形状、剖面、器底凹凸等细节。传统绘图需要的工具有直尺、三角板、铅笔、橡皮、纸胶带、硫酸纸、坐标纸、美工刀等，绘图铅笔使用 2H 这种硬度较高的铅笔。本次绘制最主要的方法是使用电脑绘图，即用 Photoshop CS 软件与手绘板相结合的方式绘制完成所有器物图。

（一）器物测量与数据记录

1. 测量工具与方法

器物测量时主要使用直角坐标法。这种方法简单易行，其使用的工具主要是三角板、坐标纸、木支架、卡钳、纸胶带等，还有为本次工作特殊设计制造的工具。使用的直角三角板有两组，包括大型直角三角板和小型直角三角板各一组，可根据器物大小选择使用。陶器的厚度测量使用的是电子数显带手柄卡钳，测出的电子数据要比人工读数更为准确。

直角坐标法是利用坐标纸及直立三角板构成一组直角坐标关系，从而测量器物外形轮廓的若干特征点和坐标数值。（图 6）

第一步：准备坐标纸

首先在桌面上平铺两张坐标纸，用纸胶带固定，一张

图 6　测量绘制剖面图

作为测量使用，另一张供绘图使用，选用坐标纸必须大于器物的最大直径。测量时，先在坐标纸上画垂直相交的两条直线，两直线之交点为原点，用字母“*o*”表示。其中平行于投影平面的直线，称为横坐标，用字母“*x*”表示，简称 *x* 轴；另一平行于投影线的直线，称为标准基线，用字母“*y*”表示，简称 *y* 轴。

自原点“*o*”开始在 *X* 轴上，从左至右标示 10、20、30、40 等数字，单位为厘米。然后在原点“*o*”或“*y*”轴标准基线上任选一点直立三角板，其直角边称为纵坐标，用字母“*z*”表示，简称 *z* 轴。此时纵横二坐标轴间所构成的平面，简称 *xz* 坐标面。保持标准基线不变，三角板直角边（即 *z* 轴）可沿 *y* 轴前后移动，每移动一次就构成一组新的坐标关系和新的坐标平面，它们彼此平行且吻合。

第二步：摆放器物

不能盲目摆放被测量的器物，要进行认真地观察与思考，在此基础上选择最佳造型面置于 *xz* 坐标面之间并摆正，使该器物的最大外形轮廓线（即最大直径）与直角边（即 *z* 轴）相切，测绘完毕之前器物的位置不能再移动。

第三步：测量数据

以陶盆为例。陶盆的基本特征是敞口、折沿、曲腹，上腹外鼓，下腹内收，平底。测量的数据包括口径、底径、腹径、内高、口沿宽度、倾斜度和器物厚度。测量时，把固定在木支架上的两个大三角板一左一右竖立放置在器物两侧，根据坐标纸基线保证两个三角板所竖立的直角边（*z* 轴）之间的距离为陶盆的最大直径；再用另一直尺平置于器口上沿，使之与直立三角板（*z* 轴）相切，此处刻度值就是该器实际的高度值；同时，在平置的三角板上测得口沿和腹径。如果腹径小于口径且没有比例规或两脚规的情况下，可将另一三角板平置来测量腹边与三角板之间的距离，并以同样的方式测得口沿倾斜的高度。测量器物内高时，将直尺立置在器物之内，与平置于器口的三角板垂直，读取直尺的数据（有的三角板、直尺刻度值并非以底边为 0，实测后要加上 0 刻度处至底边的长度）。根据器物通高和内高的数值差，可得器底的厚度。测量口沿宽度时，用一个三角板平置于口沿，其直角边要与左侧竖立的三角板的直角边（*z* 轴）相切，再把第三个较小的三角板的直角边与横置的三角板的平行于 x 轴的直角边相切，这样可在横置的三角板和第三个三角板上读出口沿的宽度和其倾斜度。底径可以通过坐标纸得出。（图 7）

最后，用卡钳测量器壁厚度的数值，一般要在器壁的不同点取 3 ~ 5 个数据作为参考，误差在 0.1 毫米左右。

2. 数据记录与传统绘图

此次拍摄绘制研究的大部分陶器都是在博物馆展柜中正在展览的器物，考虑到文物安全、博物馆日常参观等各种问题，只能短时间从展柜中取出，每一件器物的拍摄、测量、绘制时间平均仅有 15 分钟。传统绘图不仅要按比例精准制图，还要绘制纹饰，需要耗费较长时间，所以只在坐标纸和硫酸纸上测量器物，手绘出器物轮廓和器物剖面图等细节。以这种方式弥补拍摄照片的不足，为后期电脑绘制提供精准数据。记录好测量数据和器物编号。最后，将每一件器物的纸质成图与器物进行合拍，可避免后期人

图7　测量器物内高（左）与厚度（右）

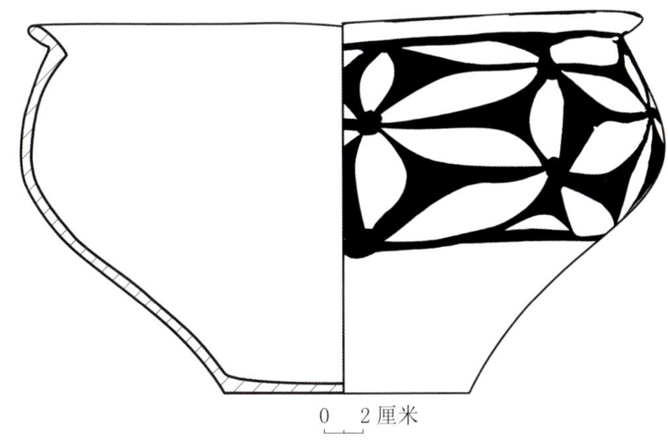

图8　用电脑绘制的彩陶剖视图（02SHMT29H164∶22）

工整理时出现测量数据与实际器物不对应的情况。这样不仅能够在有限的时间内提取绘图所需要的全部数据，还大大节省了在博物馆内绘图的时间。

（二）电脑制图

1. 彩陶剖视图的绘制

我们用 Adobe Photoshop CS（后文简称 Photoshop）软件绘制器物剖视图。首先把拍好的正视图用作底图，然后依据先前在博物馆绘制在硫酸纸上的细节和测量数据，按照 1:1 的比例，用软件绘出器物的轮廓、花纹、剖面和其他细节，最后标上测量数据。（图 8）若非 1:1 的比例则传统的人工换算工作量比较大，利用 Photoshop 可以省去人工换算步骤。

2. 彩陶纹饰展开图的制作

在绘制几何学里，把面看作是某一条线在空间运动时陆续所占的一切位置集合。这种关于面的概念使我们易于绘制图形。在空间物体的表面，按照物体的实际形状画在面上，称为立体的表面展开，展开后所得到的图形，称为立体表面展开图。产生面的线，当它处于面上任一位置时均可叫作母线，母线可以是直线也可以是曲线。由直线运动而成的面叫作直纹面，直纹面有圆柱、圆锥等；曲线作为母线的面叫作非直纹面，如球面。

三门峡庙底沟遗址出土的彩陶以盆、钵和碗为主，而且纹饰大部分在上腹部，因此，我们可以将陶器有纹饰的区域视为圆柱体，个别器物为圆锥体，针对这两种不同的状况，可采用长方形和扇形方式两种绘制出纹饰展开图，均通过 Photoshop 完成。（图 9）

（1）长方形展开图绘制方式

首先将一件器物所有间隔 10° 拍摄的正视图都导入 Photoshop 软件当中，选择一张合适的彩陶正视图作为第一张。一般选取具有修复的石膏、纹饰起始处或不同纹饰的分割处的照片，这样在之后的展开图中，就可以把比较完整的一组纹饰展示在中央部分，更加直观和美观。

再使用“选取工具”和“移动工具”对逐渐旋转的照片进行截取与拼接。每一张照片均只截取正面部分，面积不宜过宽，每一次拼接都要新建一个图层以方便后期调整修改。由于旋转 10° 拍摄的照片前后有大量的重复部分，

〔长方形展开图〕

〔纹饰展开描绘图〕

图 9　绘制彩陶纹饰展开图（02SHMT29H164 : 22 彩陶钵）

图10　扇形展开图（SB00666 彩陶罐）

绘制展开图时可以裁剪具有前后重合的正面部分，有利于前后连续拼接。

（2）扇形图的绘制

扇形图的绘制比较复杂一些。需要做扇形的彩陶施纹区域形似圆锥体，表面展开图为一个扇形与一个圆所组成的图形。扇形的弧长等于圆锥底面圆的周长，其半径等于圆锥体的母线长。绘制展开图时其计算公式为：

$\theta = R \times 360° / L$（$\theta$ 为扇形顶角，R 为圆锥体底面半径，L 为圆锥母线长）

最后将展开图拼接的上下边缘裁剪整齐，并对纹饰进行描线。描线时注意要空出石膏部分，描线完成以后填好色，将纹饰提取新建文件，在新的画布上使用手绘板进行复原。（图 10）

3. 纹饰复原与手绘板的使用

绘制纹饰展开图是纹饰复原的第一步。复原彩陶纹饰首先需要将彩陶一周的纹饰全部直观地展示出来，再根据陶器原本残存的纹饰，观察纹饰自身的特点、纹饰组合以及纹饰的演变规律，科学地进行复原。将 Photoshop 与手绘板相结合进行考古制图是近年来普遍应用的绘图手法。手绘板比鼠标更好操控，绘制的线条比使用鼠标进行描边更为自然、流畅，绘制的线图更能反映器物细节，而且二

〔软件绘制的展开图〕

〔手绘板绘制的复原图〕

图 11 Photoshop 与手绘板制图对比

者连接的操作也非常简便，基本操作如下。

第一，安装并连接手绘板；第二，打开手绘板的属性程序，找到菜单栏中的设置，调整属性里笔的灵敏度和压杆力度等数值；第三，用 Photoshop 打开图片，选择菜单－文件－名称－图像大小，设置画布；第四，选择菜单－文件－导入已拍好图片，将标尺调至与器物尺寸相符，提高准确率；第五，新建图层，使用“移动工具”，长按 Shift 等比例放大到与器物相同；第六，选择菜单－编辑－描边，使器物轮廓生成黑色轮廓线，类似的形状皆可用此方式，手绘笔可全程代替鼠标；第七，便是用手绘笔在手绘板上对纹饰进行 1:1 的描线、上色。

描线完成以后，即可开始纹饰复原工作。先用 Photoshop 软件的“魔棒工具”把已经描线填色的纹饰部分选中，用 Ctrl+J 的快捷键把纹饰直接提取出来，然后就可以采用手绘板进行复原了。（图 11）

三门峡庙底沟遗址出土的彩陶，其纹饰不论简单还是复杂，都有较强的规律性，往往以圆点纹、斜线纹、弧线三角纹、凸弧纹等为基本元素组成一个单元，再以该单元为样本循环饰一周。所以在复原之前，必须先认真观察纹饰，准确找出规律，必要时还要参考具有相同纹饰的其他完整器，再进行复原。特别是比较复杂的复合纹饰，需注意其纹饰构成的细节和线条的走向等，这对复原者的能力具有较高的要求，不仅要考量绘图者对器物本身的理解，还需要绘图者拥有大量的经验。在复原时，对于重复的、有规律的纹饰，一般可进行镜像复制。但是古人在陶器上施纹均为手绘，虽然这些纹饰遵循一定的规律，但不似现代机器生产的产品一样标准化。线条粗细不一，不同单元的形状也有所差别，细心观察不难发现古人手绘时会出现一些错误和瑕疵，古人是绝对不可能将每一组纹饰都绘画得一模一样，单纯的电脑复制复原会导致最后的复原图异常刻板，这与考古复原的科学理念大相径庭，因此，我们在进行陶器纹饰复原时避免了该种方法。通过手绘板，用手绘的方式进行复原，能更贴合古人的线条。所以，一张真实的、科学的、自然的、精美的考古器物复原图，需要多方位思考和熟练绘制的技术才能完成。

四

如何绘制不同器形彩陶的纹饰复原图

01

彩陶盆

02SHMT9H39∶1

彩陶盆 02SHMT9H39∶1，口径 36、腹径 36.4、底径 13.5、高 23.5 厘米，器壁厚约 0.6 厘米 。

首先准备拍摄。第一步先拍摄器物编号，这件陶盆的编号位于内壁，因器物较大，将其放置在气泡膜上拍摄器物编号、口沿俯视图。这类彩陶的最大直径超过 35 厘米，需要放置在直径 60 厘米的自转转盘上。用电脑绘制剖视图时，采用 1∶1 的比例绘制。

这件陶盆的纹饰区域在上腹部，选择长方形展开图的制作方式。选择具有大面积石膏的照片作为第一张。由于纹饰比较复杂，上部纹饰与下部纹饰有不同程度的变形，截取每张图片最中间的部分才能较好地拼接。

02SHMT9H39∶1 彩陶盆黑彩纹饰虽然比较复杂，但具有一定的规律性，我们可以只选择一个纹饰单元来进行观察比较。比如选择上侧由三个弧线构成的圆形单元纹饰，圆形当中饰双横线纹和两个圆点纹，根据其构成方式和线条走向，先复原较小的几块残缺部分。我们发现彩陶盆大面积石膏部分与其相邻的右侧纹饰是重复演变的，按照同样的方式，可进行完整地纹饰复原。

◆ 彩陶盆 02SHMT9H39：1，泥质红陶黑彩。侈口，仰折沿隆起，方唇，溜肩，深曲腹，上腹圆鼓，下腹内收，平底。器表磨光，内壁抹光，沿面及内壁近口处有刮削痕迹。沿面、颈部、下腹部各饰一周条带纹，上腹部饰凸弧纹、弧线三角、双短线、圆点纹组成的复合纹饰。已复原。

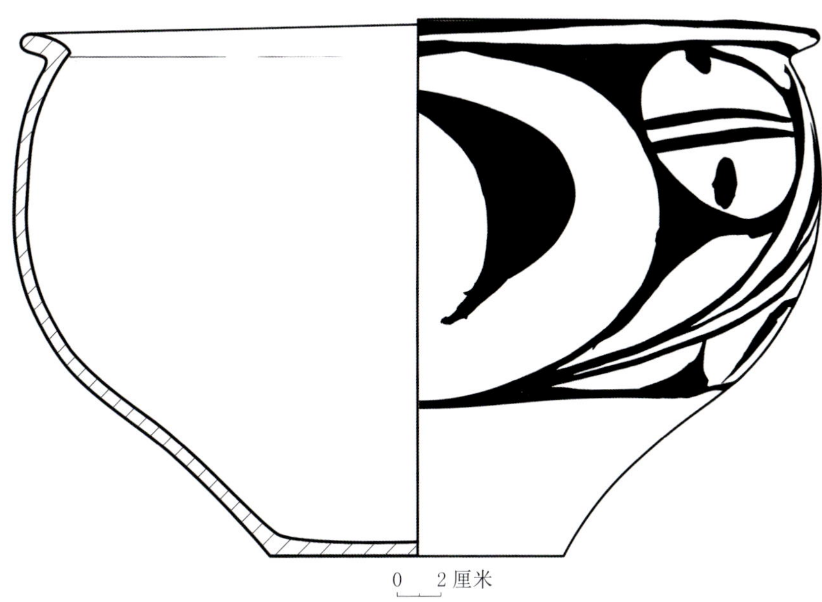

剖视图

陶器纹饰展开图

陶器纹饰展开描绘图

陶器纹饰展开复原图

02

彩陶罐

SB00666 采集

彩陶罐 SB00666 采集，口径 15.5、腹径 23.5、底径 11.2、高 15 厘米，器壁厚约 0.3 厘米。

该陶罐比较完整，仅有裂缝，为拍摄工作降低了不少难度。

这件陶罐的饰纹区域在上腹部，选择扇形展开图的制作方式。拼接时选择较好辨认的一面的照片作为第一张。该陶罐非常完整，拼接完成之后可直接进行描绘和填色，无须做纹饰复原工作。

◆ 彩陶罐 SB00666 采集，泥质红陶黑彩。侈口，斜折沿甚窄，尖唇，曲腹，上腹外鼓，下腹斜收，平底。器壁磨光，上腹部饰四组由对顶三角纹组成的四瓣花瓣纹，下饰一周条带纹。器物完整。

俯视图

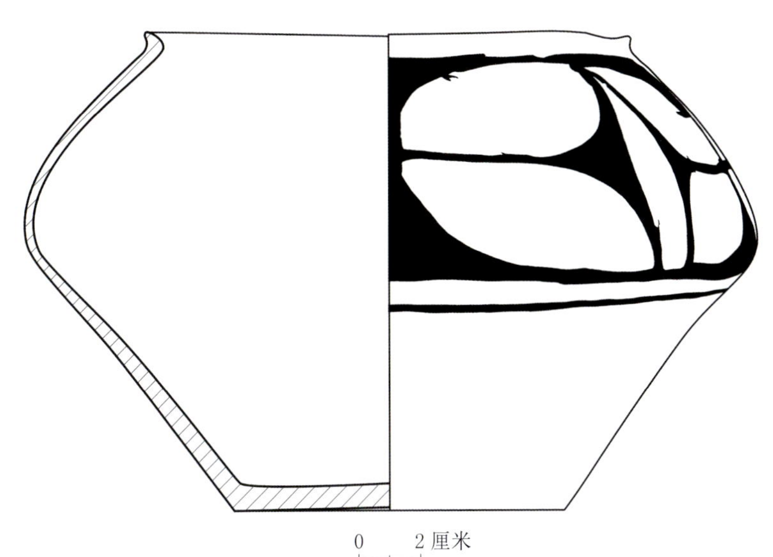

剖视图

陶器纹饰展开图

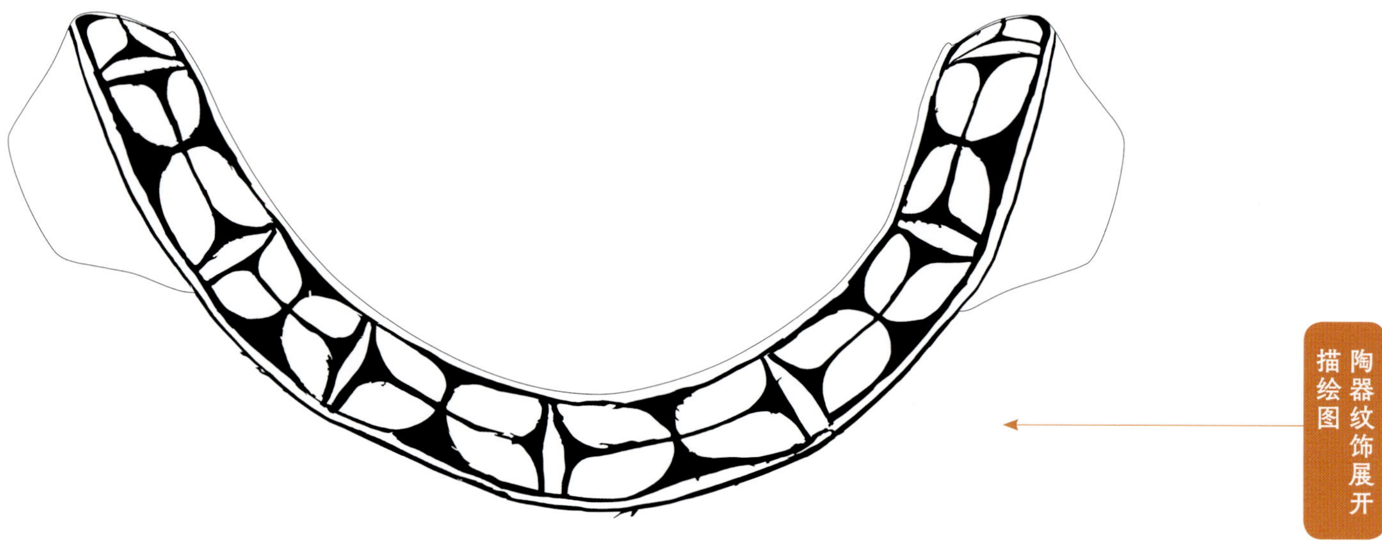

陶器纹饰展开描绘图

陶器纹饰展开复原图

03

02SHMT317H22 : 85

彩陶盆 02SHMT317H22 : 85，口径 24.2、腹径 25.1、底径 8.3、高 15.9 厘米，器壁厚约 0.6 厘米。

这件陶盆的编号位于底部石膏修补处，因器物较大，放置在气泡膜上拍摄器物编号和口沿俯视图。彩陶盆的腹径为该陶器最大直径，口径略小于腹径。

在展开图上描线时不仅需要注意空出石膏部分，同时还要注意表示出陶器上的两个孔。虽然这件陶盆纹饰残缺部分比较多，但是纹饰的规律性很强，残留的纹饰正好完成了一个循环，据此可进行完整地纹饰复原。

剖视图

◆ 彩陶盆 02SHMT317H22：85，泥质红陶黑彩。侈口，折沿近平，圆唇，曲腹，上腹外鼓，下腹斜收，平底。器壁磨光，口沿饰一周条带纹，器身饰一周由弧线三角纹、圆点纹、双横线纹构成的花瓣纹。已复原。

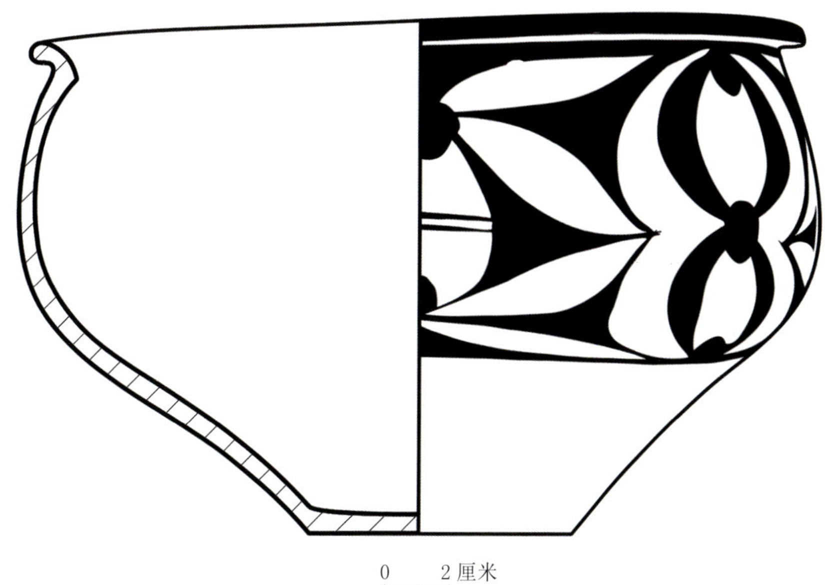

陶器纹饰展开图

陶器纹饰展开描绘图

陶器纹饰展开复原图

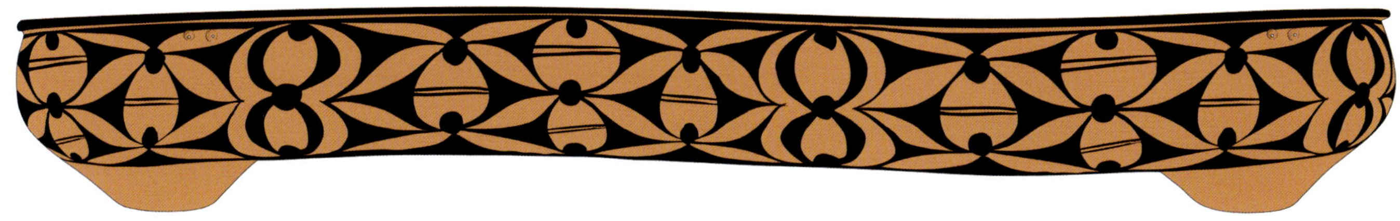

04

彩陶钵

02SHMT2H57：6

彩陶钵 02SHMT2H57：6，口径 13.4、底径 4.6、高 6.9 厘米，器壁厚约 0.6 厘米。

彩陶钵修复面超过二分之一，器形整体较小，拍摄时将器身完整处摆放正视即可。测量时无须测量口沿的数据。

绘制展开图时，拼接的难点在于斜线纹处。相较于圆点纹或三角纹，斜线纹面积非常小，拼接时容易找不到合适的拼接位置而导致线条错位明显。描线时需注意空出石膏部分，不可主观改动纹饰不规整的地方。这件陶钵纹饰的规律性很强，都是由同一个复合纹饰循环一周，因此可进行完整地纹饰复原。

剖视图

◆ 彩陶钵 02SHMT2H57 : 6，泥质黄褐陶黑彩。敛口，尖唇，弧腹近折，下腹部近直，平底。器表磨光，内壁抹光，有刮削痕。口部外壁饰一周宽度不一的条带纹，上腹部饰五组弧线三角纹、圆点纹、弧线纹组合成的复合纹饰，下腹部饰一周条带纹。已复原。

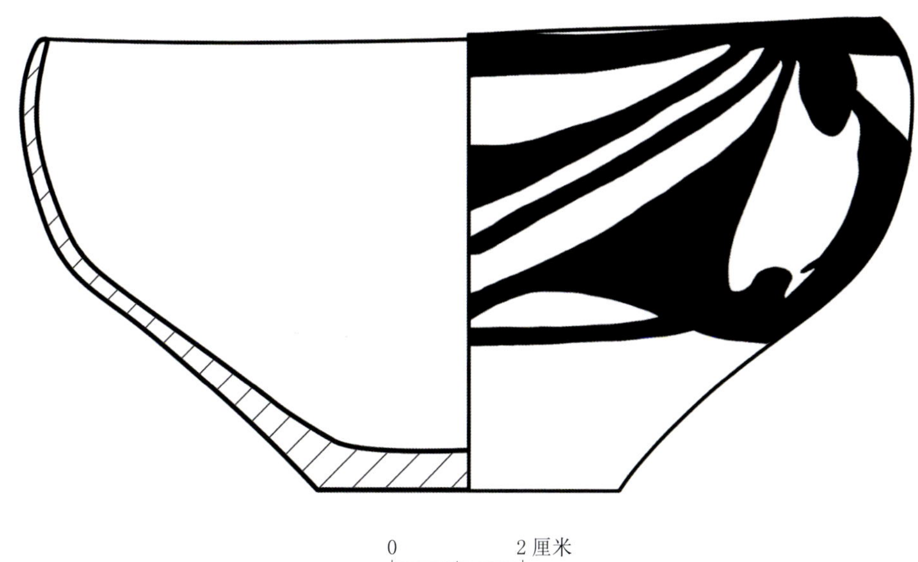

陶器纹饰展开图

陶器纹饰展开描绘图

陶器纹饰展开复原图

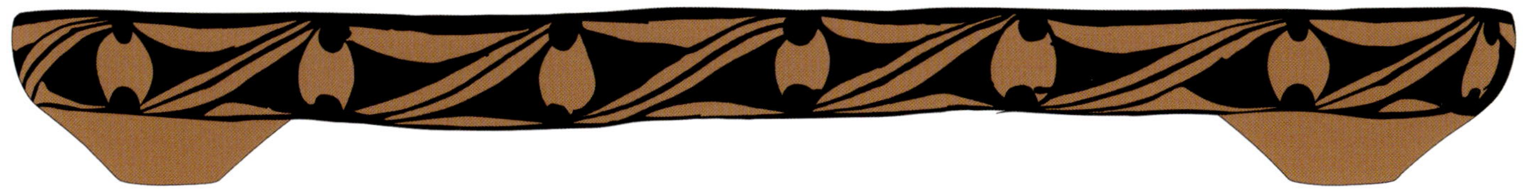

05

彩陶盆

T38H408∶44

彩陶盆 T38H408∶44，口径 32.3～32.7、腹径 33、底径 11.4、高 20.9 厘米，器壁厚约 0.6 厘米。

此件彩陶修复处较少，纹饰完整，易于选择拍摄角度。虽然陶盆的口径与腹径大致相当，但正视图右侧略小于口径，测量时需要注意，用三角板测量出竖直三角板直角边与腹部的差值为 0.2 厘米，口径减去这个差值为腹径。

虽然上部纹饰与下部纹饰有不同程度的变形，但纹饰相对简单。描线时要注意保留下方超出整体纹饰区域的笔触。陶盆大部分保存比较完整，可进行完整地纹饰复原。

◆ 彩陶盆 T38H408：44，泥质红陶黑彩。侈口，曲腹，平底微内凹。沿面、下腹部各饰一周条带纹，上腹部饰三组弧线三角纹、圆点纹、凸弧纹组成的复合纹饰。已复原。

剖视图

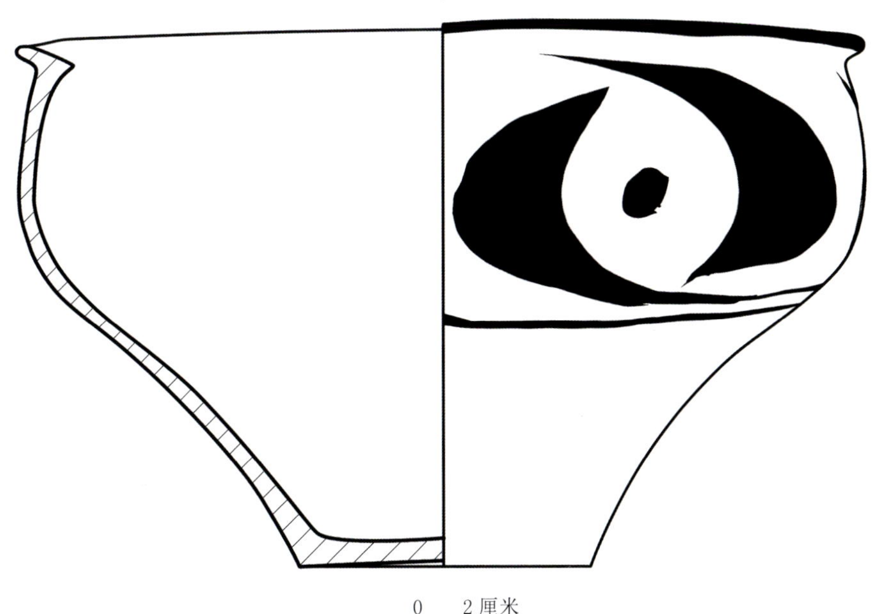

陶器纹饰展开图

陶器纹饰展开描绘图

陶器纹饰展开复原图

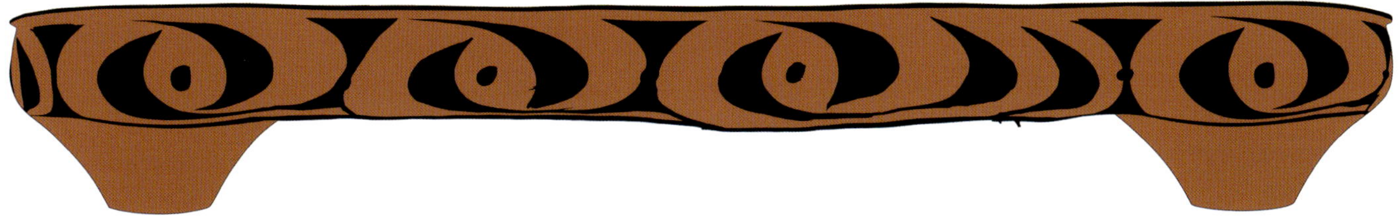

06

彩陶盆

T25H108：33

彩陶盆 T25H108：33，口径 34.6、腹径 33.2、底径 12.5、高 21.2 厘米，器壁厚约 0.5 厘米。

彩陶复原时注意不可复原非石膏修复但有纹饰残缺处，即矿物颜料自然脱落处。

剖视图

◆ 彩陶盆 T25H108：33，泥质黄陶黑彩。侈口，折沿略外卷，微束颈，曲腹，平底略内凹。沿面饰一周条带纹，器身上腹部饰对称凸弧纹、圆点纹组成的复合纹饰。

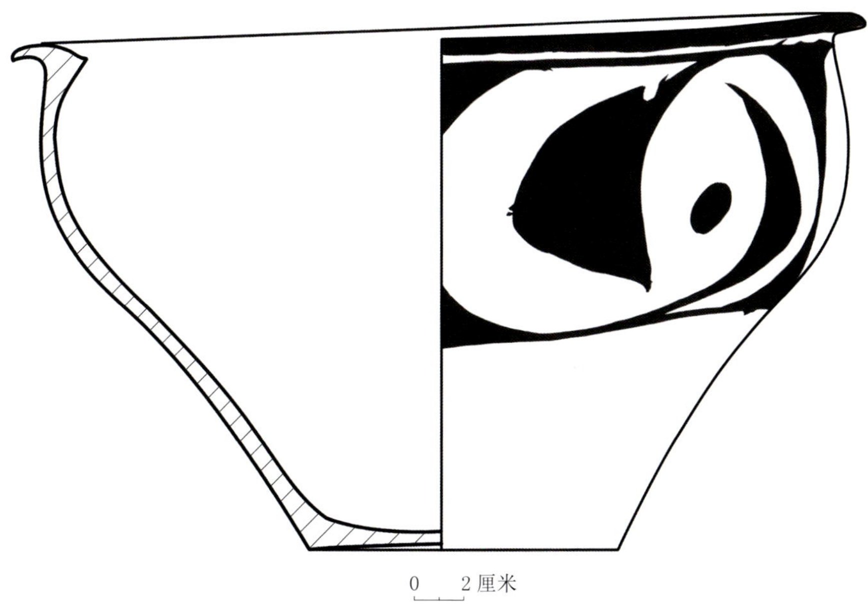

陶器纹饰展开图

陶器纹饰展开描绘图

陶器纹饰展开复原图

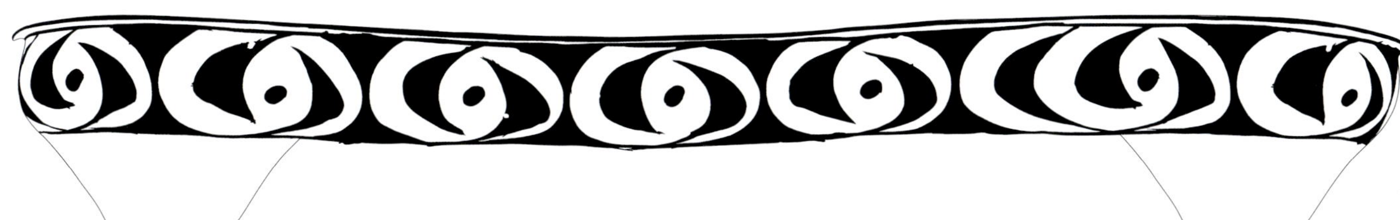

07

彩陶盆

T21⑧：33

彩陶盆 T21⑧：33，口径 26.8、腹径 28、底径 9.8、高 8.4 厘米，器壁厚约 0.6 厘米。

虽然这件陶盆纹饰较为完整，可大概窥其全貌，但是中间有一组纹饰并不存在循环的特征，不能明确具体为何种纹饰，因此做了保留并未修复。这件彩陶沿面上饰有三组垂弧纹，我们也将其复原了。

剖视图

◆ 彩陶盆 T21⑧：33，泥质红陶黑彩。侈口，圆唇，斜弧腹，平底内凹。器表磨光，内外壁近口处均有刮削痕迹。沿面饰一周宽 0.6～1.2 厘米不等的条带纹，上腹部饰圆点纹、弧线三角纹、凸弧纹组成的复合纹饰。已复原。

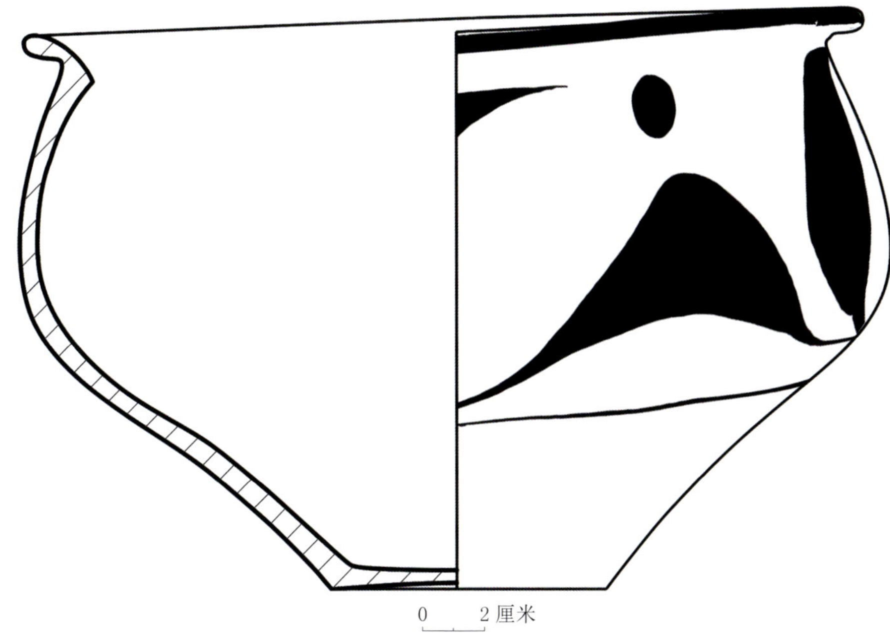

陶器口沿纹饰图

陶器口沿纹饰描绘图

陶器口沿纹饰复原图

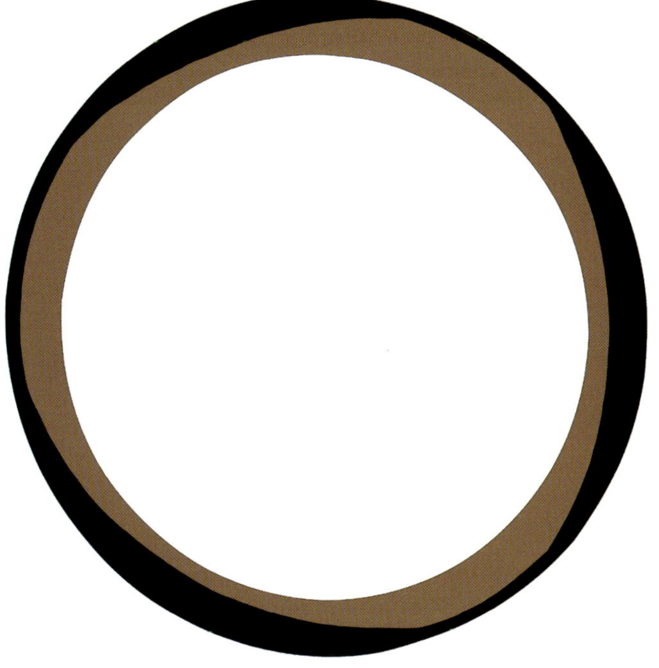

陶器纹饰展开图

陶器纹饰展开描绘图

陶器纹饰展开复原图

08

彩陶盆

T35H106 : 10

彩陶盆 T35H106 : 10，口径 29、腹径 31、底径 10.5、高 16.6 厘米，器壁厚约 0.4 厘米。

这件陶盆的纹饰比较复杂，需注意上下细节的拼接，也不可忽略纹饰底部的小三角形几何纹。陶盆的纹饰具有较强的规律性，以对顶三角纹、三条斜弧线纹和圆点纹组成的复合纹饰为分界线，可对照该分界线两侧完整纹饰对石膏部分进行纹饰复原。

◆ 彩陶盆 T35H106：10，泥质红陶黑彩。侈口，口沿近平，曲腹，上腹圆鼓，下腹内收，平底略内凹。器表磨光。口沿外唇饰一周条带纹，腹部由四组弧线三角纹、凸弧纹、圆点纹、三条弧线纹组成复合纹饰。已复原。

俯视图

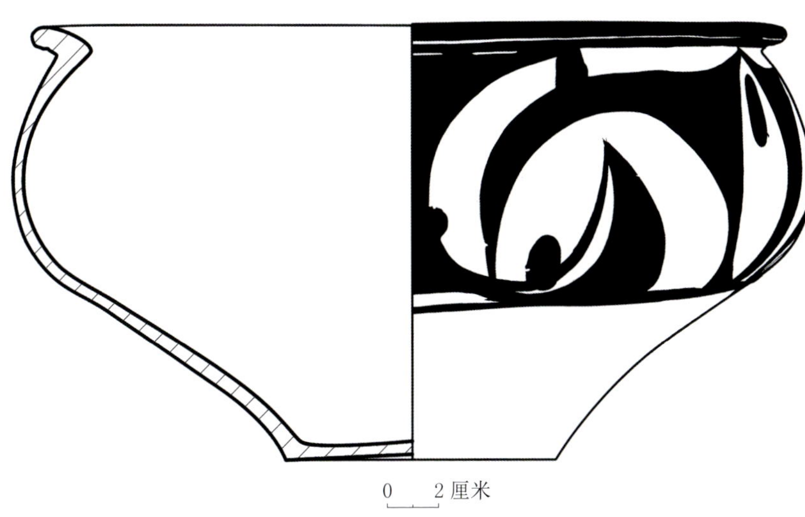

剖视图

陶器纹饰展开图

陶器纹饰展开描绘图

陶器纹饰展开复原图

09

彩陶盆

T41H278 : 5

彩陶盆 T41H278 : 5，口径 35.2、腹径 34.2、底径 10.1、高 18.9 厘米，器壁厚约 0.5 厘米。

做展开图时选择有石膏并且纹饰不清晰的照片作为拼接的第一张。纹饰虽不复杂，但有一部分黑彩脱落不甚清晰，拼接时需认真观察残留的纹饰痕迹，准确拼接，减少误差。

◆ 彩陶盆 T41H278 : 5，泥质红陶黑彩，通体施红衣。口部变形严重，修口，仰折沿微隆起，圆唇，溜肩，深曲腹，平底。器表磨光，内壁抹光，沿面及内壁有刮削痕迹。沿面、口部外壁及下腹部各饰一周条带纹，分别宽 0.8、0.5、0.7 厘米，上腹饰弧线三角纹、凸弧纹、圆点纹组成的复合纹饰。已复原。

俯视图

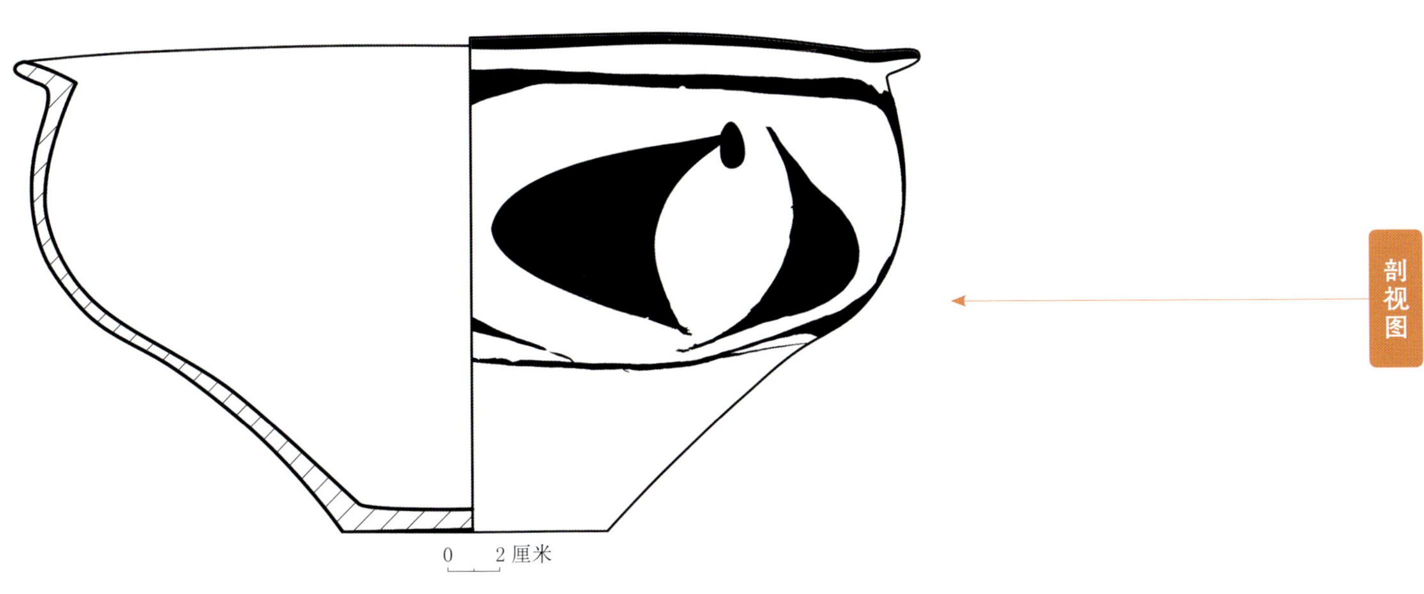

剖视图

陶器纹饰展开图

陶器纹饰展开描绘图

陶器纹饰展开复原图

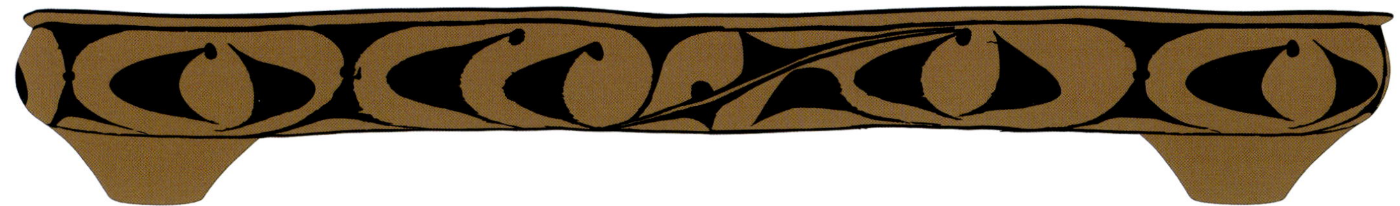

10

彩陶盆

T26H111：9

彩陶盆 T26H111：9，口径 32、腹径 33.6、底径 13.2、高 19.9 厘米，器壁厚约 0.5 厘米。

该器物纹饰形似花瓣，具有较强的演变规律，可完整复原。沿面连续间隔饰六组垂弧纹、条带纹和圆点纹，对其也进行了复原。

◆ 彩陶盆 T26H111：9，泥质黄褐陶黑彩。侈口，仰折沿隆起，尖唇，溜肩，深曲腹，平底。器表磨光发白，内壁抹光，沿面及内壁有刮削痕迹。沿面以二方连续方式间隔饰六组垂弧纹、圆点纹，上腹饰弧线三角纹、圆点纹组成的复合纹饰，腹部饰一周宽 0.6 厘米的条带纹。已复原。

俯视图

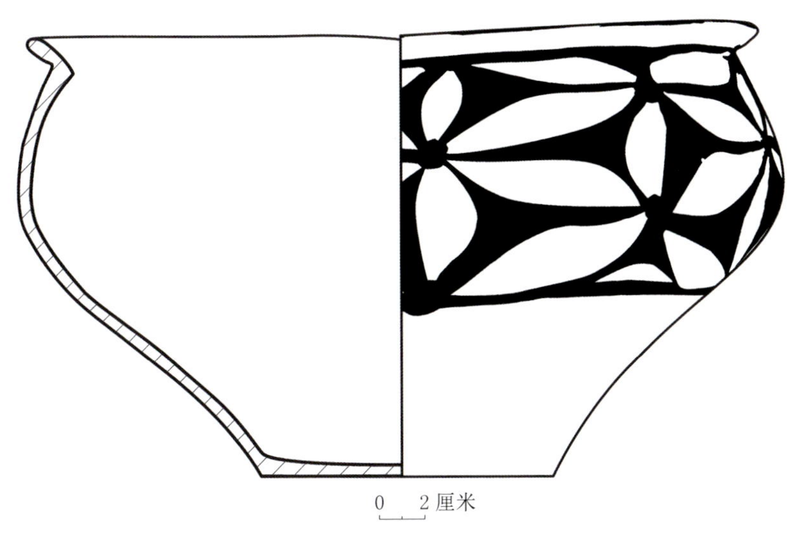

剖视图

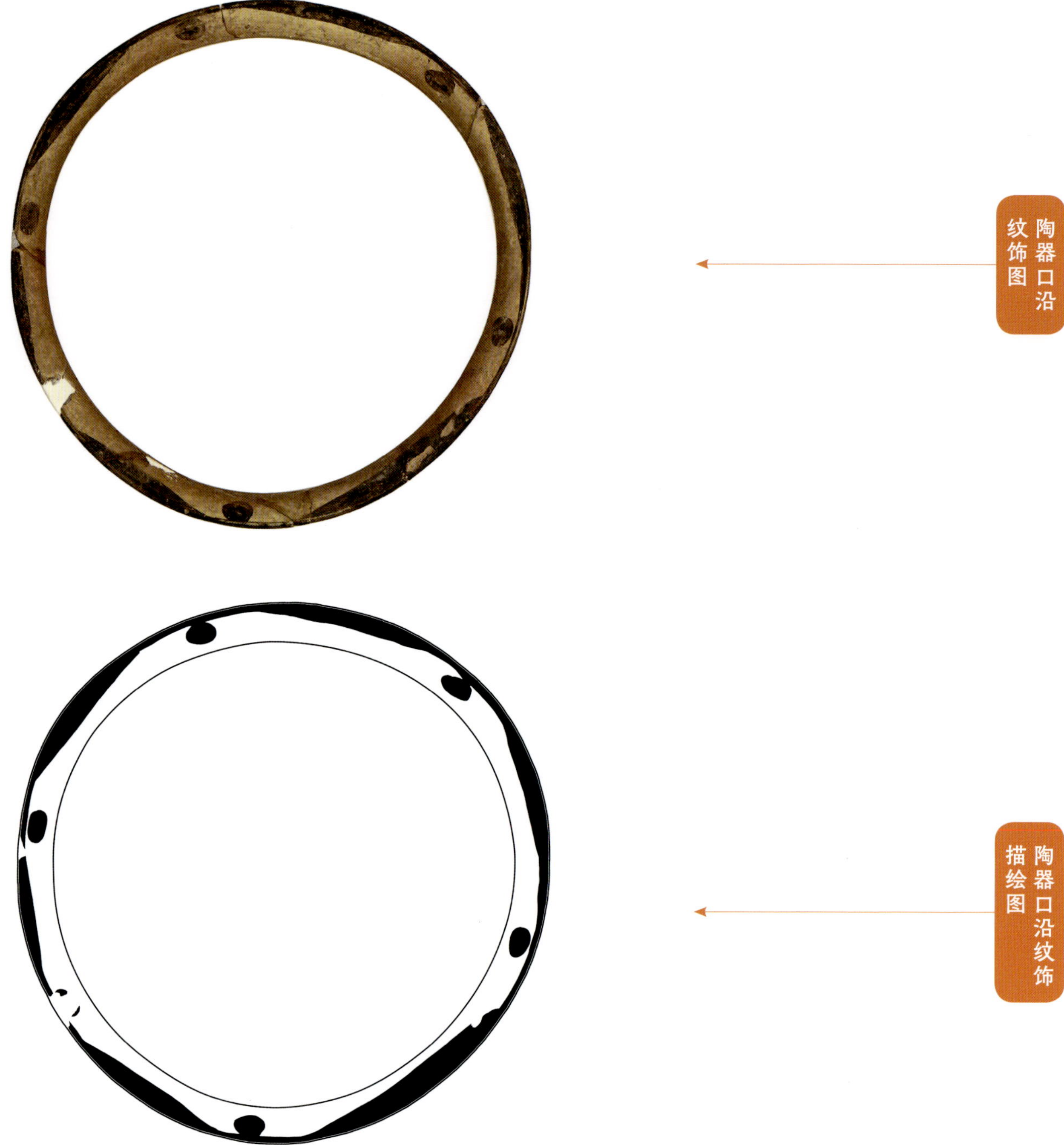

陶器口沿纹饰图

陶器口沿纹饰描绘图

陶器口沿纹饰
复原图

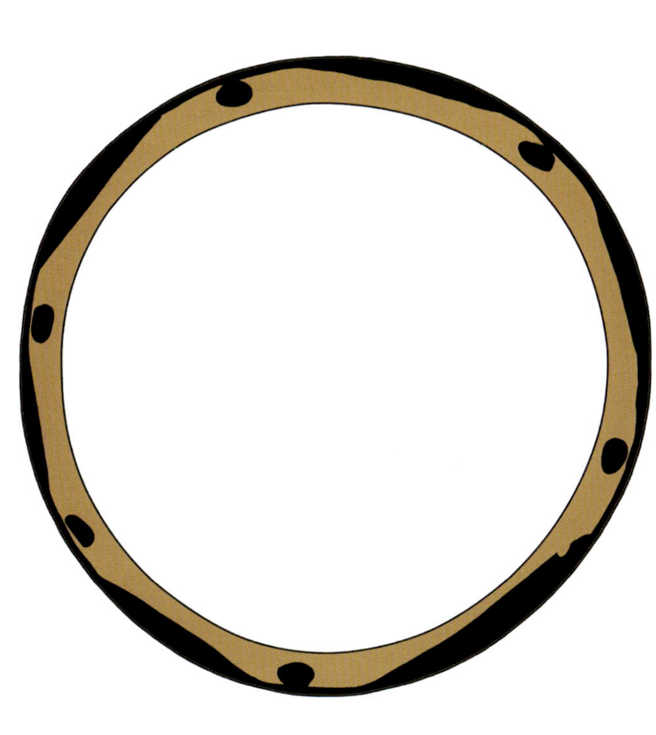

陶器纹饰展开图

陶器纹饰展开描绘图

陶器纹饰展开复原图

11

彩陶盆

TG230H901 : 8

彩陶盆 TG230H901 : 8，口径 34、腹径 35、底径 12、高 19.2 厘米，器壁厚约 0.5 厘米。

该件器物的纹饰具有一定的规律性，以双斜弧线纹和圆点纹组成的纹饰为一组。其两侧纹饰是相同的，可以进行复原。左侧的石膏面积虽然较大，但是石膏上侧纹饰保留了下来，与未残缺的那部分纹饰相同，可进行复原。

剖视图

◆ 彩陶盆 TG230H901 : 8，泥质黄褐陶黑彩。侈口，斜折沿，曲腹，平底微内凹，器表磨光。沿面和下腹部各饰一周条带纹，器身饰弧线三角纹、圆点纹、凸弧纹组成的复合纹饰。

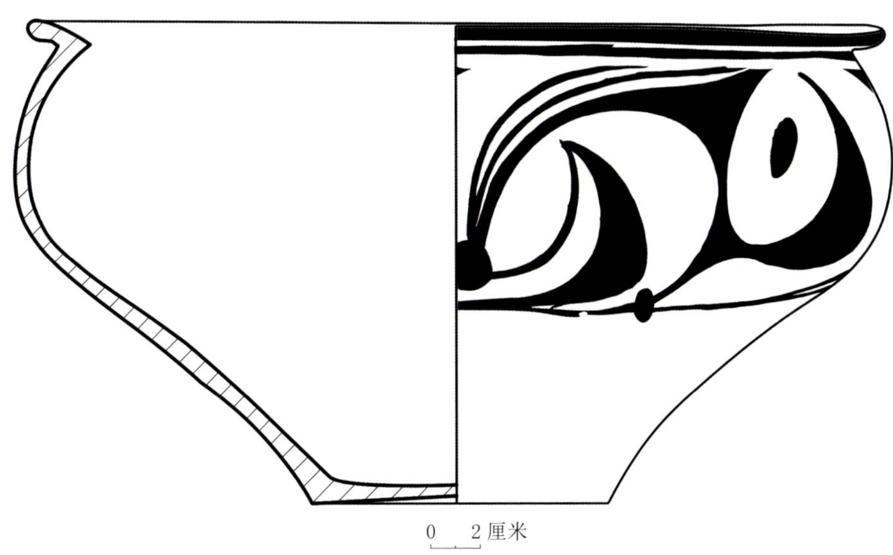

陶器纹饰展开图

陶器纹饰展开描绘图

陶器纹饰展开复原图

12

彩陶盆

T59H346 : 1

彩陶盆 T59H346 : 1，口径 35.8、底径 12、高 18.4 厘米。

这件彩陶盆放置在密闭玻璃柜中独立展出，为避免给文物造成二次损伤并未取出，但可以围绕该独立展柜进行一周的拍摄。受到玻璃柜的限制，所获得的照片数量有限，后期制作的展开图上弧度较大，接痕明显。不过陶盆保存非常完整，并不影响最后成图。

剖视图

◆ 彩陶盆 T59H346：1，泥质红陶黑彩。口部变形严重，呈椭圆形。侈口，仰折沿隆起，圆深曲腹，平底略内凹。器表磨光，内壁抹光，沿面及内壁有刮削痕迹。沿面外侧、沿面、下腹部各饰一周条带纹，分别宽 0.9、0.9、0.3 厘米，上腹部饰弧线三角纹、凸弧纹、圆点纹组成的复合纹饰。已复原。

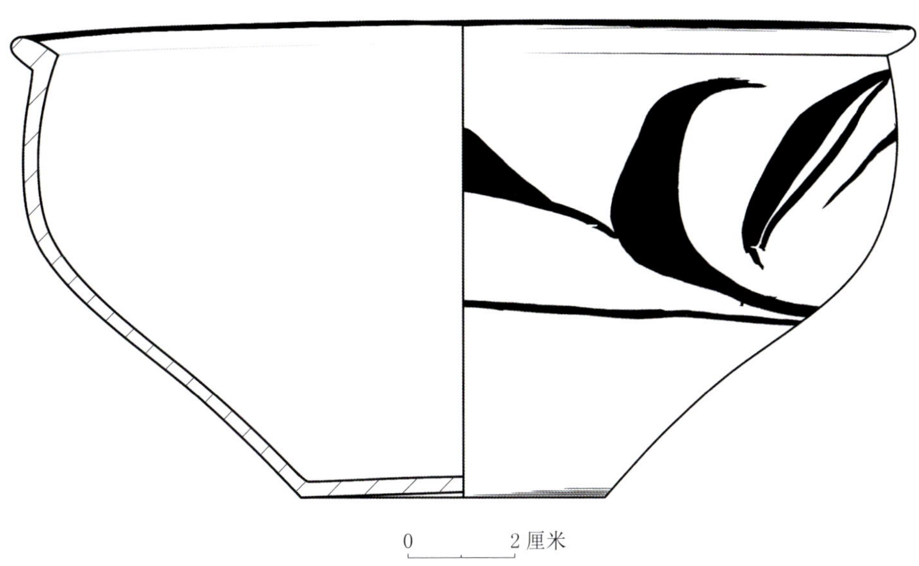

陶器纹饰展开图

陶器纹饰展开描绘图

陶器纹饰展开复原图

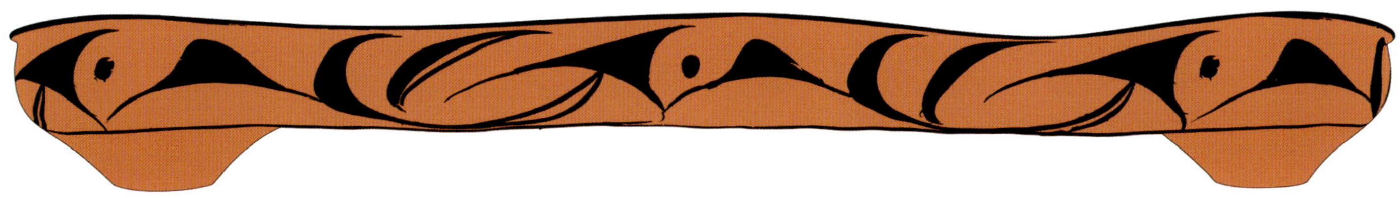

13

彩陶器盖

02SHMT21⑧:93

彩陶器盖 02SHMT21⑧:93，直径 26.3、高 9.9 厘米，厚约 0.4 厘米。

这是此次拍摄中的唯一一件器盖。将器盖放在自转转盘白色底板上面进行垂直俯视拍摄。相机 F18 光圈对焦，曝光度 5600K 拍摄。一根补光棒垂直放置于正上方补光，避免产生阴影。

测量时，测得高度、器盖最大直径和厚度即可。器盖上的纹饰比较复杂，盖身饰由弧线三角纹、对称凸弧纹、圆点纹以及黑线条纹组成的复合纹饰。由于没有重复的规律，也没有与其相同的纹饰可进行参考，因此未做纹饰复原。

剖视图

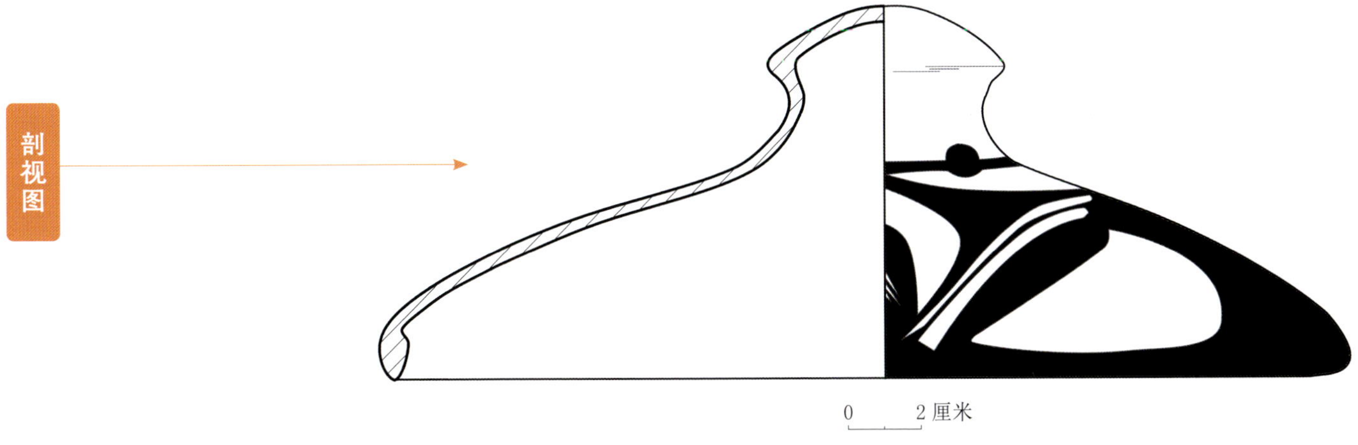

◆ 彩陶器盖 02SHMT21⑧：93，泥质红陶黑彩。盖身饰弧线三角纹、对称凸弧纹、圆点纹以及细条纹组成的复合纹饰。已复原。

陶器纹饰展开描绘图

14

彩陶钵

02SHMT38H408 : 36

彩陶钵 02SHMT38H408 : 36，口径 13.6、腹径 14.3、底径 5.3、高 6.8 厘米，器壁厚约 0.3 厘米。

后期描线时需注意空出石膏部分和器物腹部残缺处，也不可主观改动纹饰不规整的地方。这件陶钵虽有较多残缺处，但纹饰不复杂，且每一种纹饰都有可参考的原纹饰，因而也可进行完整地纹饰复原。

◆ 彩陶钵 02SHMT38H408：36，泥质红褐陶黑彩，通体施红衣。直口微敛，尖唇，圆弧腹下部斜收，平底。腹部间隔饰两组纹饰，一组为由双连弧线、圆点纹组成的复合纹饰，另一组为凸弧纹组成的复合纹饰，两组纹饰之间饰斜线、圆点纹组成的复合纹饰。已复原。

剖视图

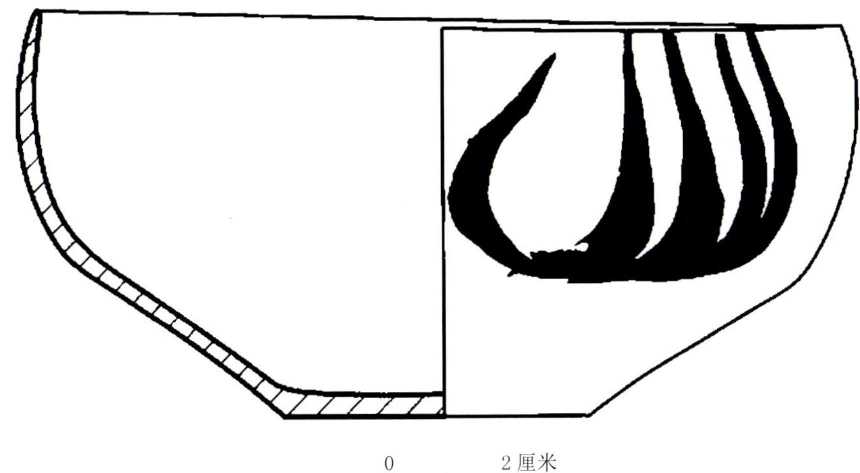

陶器纹饰展开图

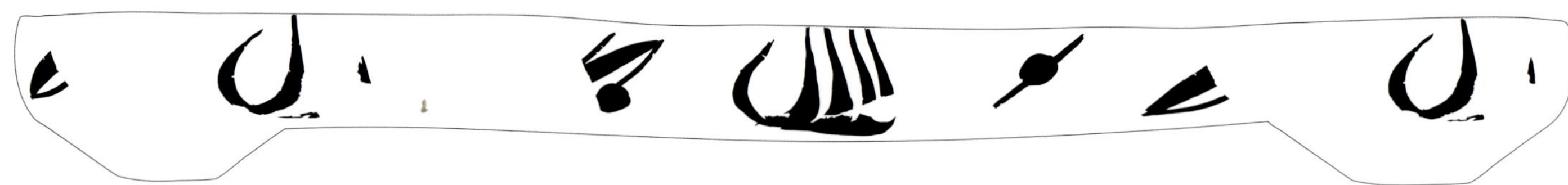

陶器纹饰展开描绘图

陶器纹饰展开复原图

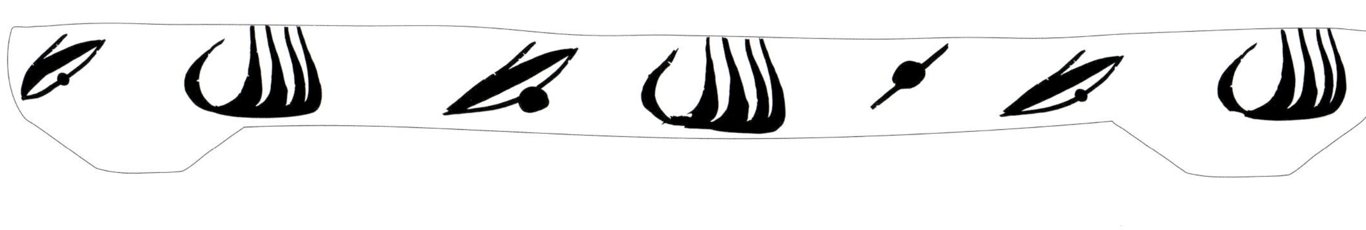

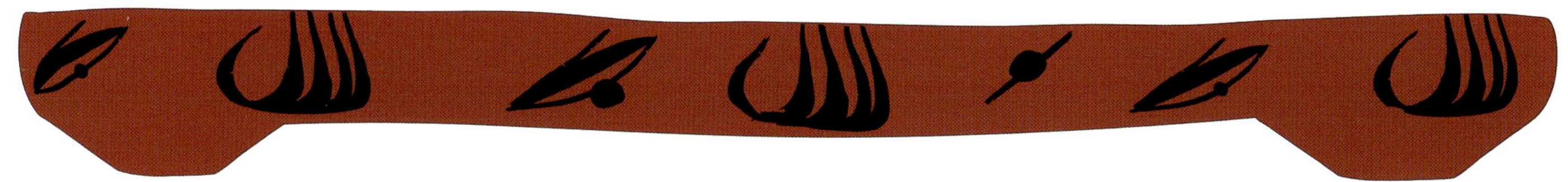

15

彩陶钵

02SHMT29H164 : 25

彩陶钵 02SHMT29H164 : 25，口径 16.2、腹径 17.3、底径 6.4、高 8 厘米，器壁厚约 0.6 厘米。

这件陶钵体形较小，纹饰的规律性很强，大部分纹饰完整，可进行完整地纹饰复原。

剖视图

◆ 彩陶钵 02SHMT29H164：25，泥质黄褐陶黑彩。敛口，尖唇，上腹微鼓，下腹内收，平底略内凹。口沿外侧饰一周宽度不一的条带纹，腹部饰弧线纹和圆点纹组成的复合纹饰。已复原。

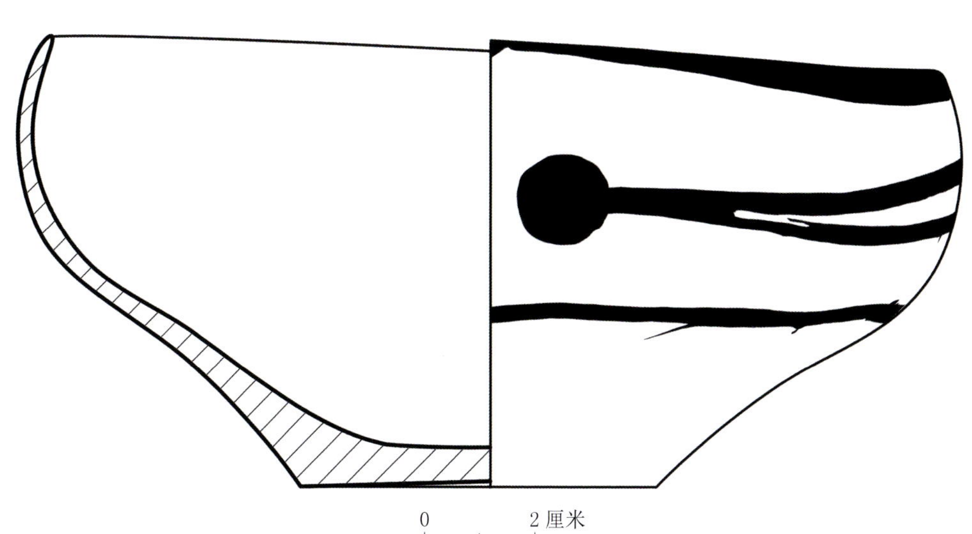

陶器纹饰展开图

陶器纹饰展开描绘图

陶器纹饰展开复原图

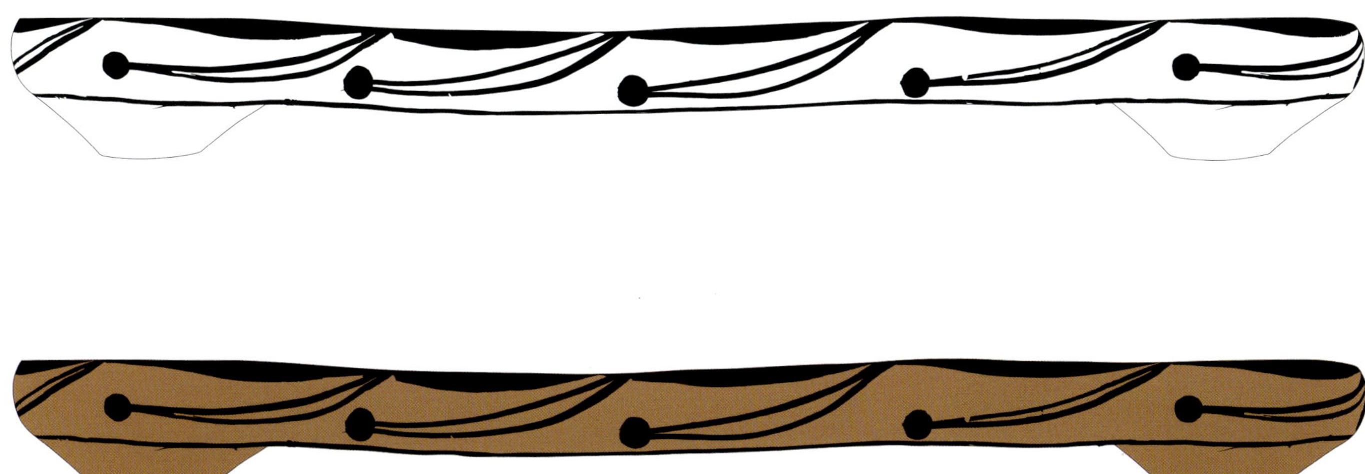

16

彩陶罐

SB00659

彩陶罐 SB00659，口径 14.2、腹径 15.1、底径 7、高 11.5 厘米，器壁厚约 0.5 厘米。

这件陶罐的饰纹区域在上腹部，选择扇形展开图的制作方式。陶罐非常完整，拼接完成之后可进行描绘和填色，无须复原。

不过彩陶的月牙纹不甚清晰，特别是在隔着密封玻璃柜拍摄的情况下。为了让展开图上的纹饰呈现出较好的效果，为研究者提供更加详细的信息，我们在凸弧纹的部分填充了白色以增加颜色的对比度。

◆ 彩陶罐 SB00659，泥质红褐陶黑彩。敞口，高领，束颈，鼓腹，平底。表面打磨光滑平整。腹部饰一周弧度朝向右侧的凸弧纹，类似月牙。

陶器纹饰展开图

陶器纹饰展开描绘图

陶器纹饰展开复原图

17

彩陶钵

02SHMT29H164：22

彩陶钵 02SHMT29H164：22，口径 14.2、腹径 15.4、底径 6.4、高 7.8 厘米，器壁厚约 0.6 厘米。

这件陶钵大部分纹饰完整，腹部饰由四组对弧边直角纹、凸弧纹、圆点纹组成的复合纹饰和一组网格纹。在做纹饰展开图时，网格纹较为密集的线条使拼接难度加大，需要反复裁剪试拼多次。

◆ 彩陶钵 02SHMT29H164：22，泥质黄褐陶黑彩。敛口，尖唇，曲腹近折，平底微内凹。上腹部饰四组对弧边直角纹、凸弧纹、圆点纹组成的复合纹饰和一组网格纹，下腹部饰一周宽 0.4 厘米的条带纹。已复原。

剖视图

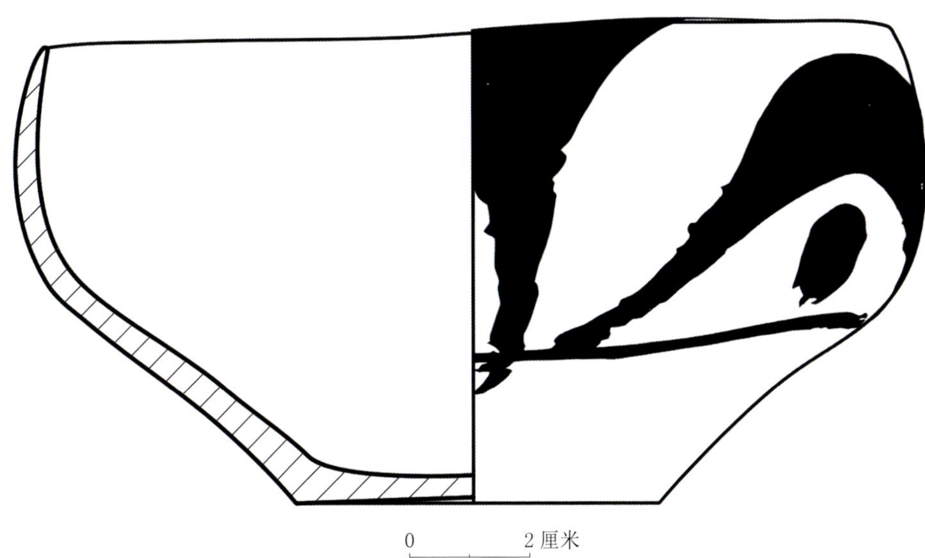

陶器纹饰展开图

陶器纹饰展开描绘图

陶器纹饰展开复原图

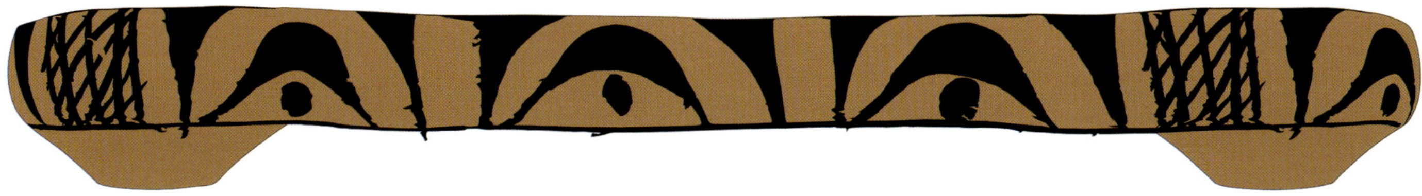

18

彩陶钵

02SHMTT1H9 : 49

彩陶钵 02SHMTT1H9 : 49，口径 13.6、腹径 13.8、底径 6、高 7.9 厘米，器壁厚约 0.6 厘米。

这件彩陶钵腹部一周连续饰四个垂弧纹，其下一周饰由四个弧边三角、两周宽 0.4～0.6 厘米不等的条带纹、四个圆点纹组成的复合纹饰，规律性很强，能够对石膏部分进行完整地复原。

不过，彩陶器表存在成色不均匀的情况，如该件陶钵腹部有部分区域呈现红色，是烧制不均匀导致的。而陶器本身应为黄褐色，因而在展开图中应选择黄褐色作为填充色。

剖视图

◆ 彩陶钵 02SHMTT1H9：49，泥质黄褐陶黑彩。敛口，尖唇，下腹部斜收，平底略内凹。口沿外侧绘制由二方连续垂弧纹、弧边三角纹、条带纹、圆点纹组成的复合纹饰。

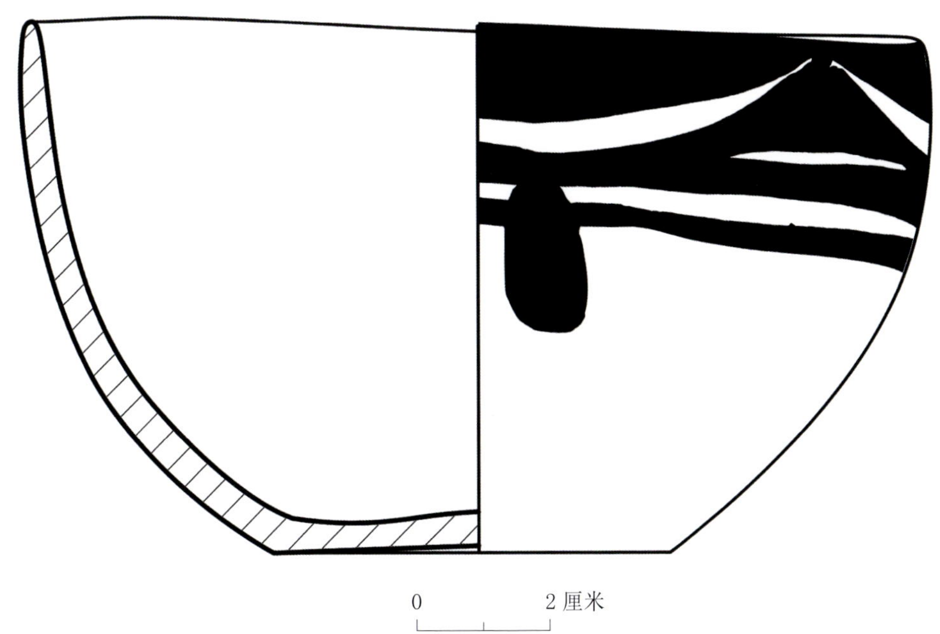

陶器纹饰展开图

陶器纹饰展开描绘图

陶器纹饰展开复原图

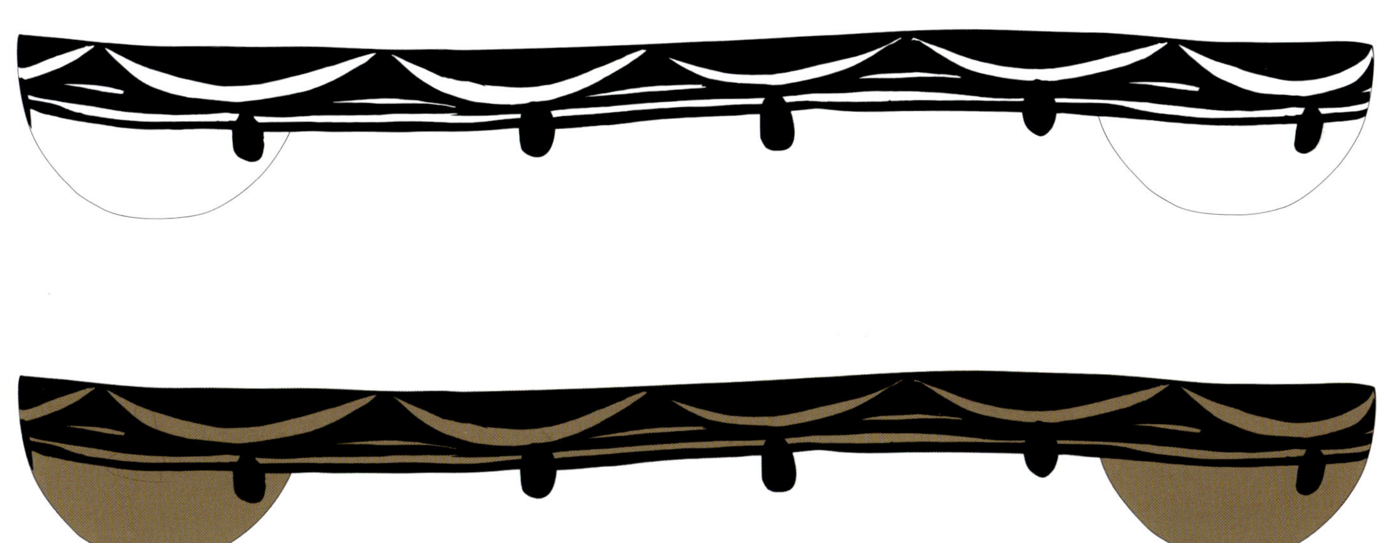

五

总结

1. 彩陶纹饰复原工作的经验和要求

三门峡庙底沟彩陶作为先民留下的重要的文化遗产，具有珍贵的历史、艺术和科学价值。我们在对彩陶进行研究和纹饰复原的同时，也必须遵循文物保护的原则，这是一条实践、理论、再实践的道路，我们只有通过实践总结出新的理论，然后再用于实践，以此来不断地完善文物科学保护的理论。“保护第一、加强管理、挖掘价值、有效利用、让文物活起来”是文物工作的基本方针；保存和恢复文物原状，修旧如旧是文物修复的基本原则之一[①]。随着科学技术的发展和信息技术在考古领域和文物保护修复方面的应用，我们能在工作和研究的过程中探索新的技术与方法，能够更好地贯彻文物保护修复的方针和原则。

这次我们对三门峡庙底沟博物馆的部分彩陶进行的纹饰复原工作，是利用电脑对文物纹饰的一种虚拟复原，是通过电脑来全面展示彩陶的纹饰，具有不损害文物、速度快、数据精确等优点。尽管这种复原并不涉及原材料、颜料等问题，但我们必须在彩陶纹饰上保持原貌，遵循保留其原有的制作工艺、纹饰结构和形貌的原则。该博物馆馆藏的彩陶大部分都进行了“形体”的复原，但缺乏对彩陶纹饰进行的复原。为深入发掘彩陶的文化内涵，我们获取了该博物馆 234 件彩陶的照片资料和数据，进行计算机虚拟纹饰复原。

首先，要进行科学的复原才能够恢复彩陶纹饰的原貌。必须秉持严谨的科学态度工作，尽最大可能不丢失文物所蕴含的历史价值。因此，不是所有的彩陶都符合复原的条件，需要进行选择：一是纹饰发展演变具有一定的规律，二是必须有其他完整材料的参考，三是彩陶上保留的纹饰信息足够多。最忌以偏概全，过度主观改动和毫无依据的复原。对于符合条件、能够进行完整复原的彩陶，我们可以做完整的彩陶纹饰展开复原图；如果彩陶纹饰没有很强的规律，或者没有完整的材料可供参考，我们可以做部分的复原或者不复原。只有尊重真实，我们才能科学地保留文物所蕴含的历史价值，为该方面的学术研究提供有价值的参考。

① 王蕙贞，文物保护学 [M]，文物出版社，2009.

其次，要保证纹饰的艺术性。文物修复和复原遵循继承与创新相结合的原则，需要传统的绘图方式与现代新技术相结合。计算机的应用固然有许多优势，但是传统的制作技艺和方法仍然无法被代替。我们不可过度依赖计算机，单纯地使用电脑软件复制的手法复原纹饰，会大大丧失文物的艺术性。古人在制作彩绘陶时，均是通过手工来完成，因此，在纹饰复原的过程中，手绘其实是不可避免的。我们的复原工作采用了电脑软件与手绘板相结合的方式。手绘板的优点是不仅能够快速成像，而且能够呈现手绘的效果。绘制过程中，仔细研究古代工匠在绘画时的运笔方法，观察和模仿其笔触，领会其绘画风格都十分重要，手绘的笔触和线条能更加接近文物的原始状态，且不失纹饰的自然、流畅，具有很强的艺术性。

最后，保持彩陶纹饰复原的原貌对复原者有较高的要求。要做到保持文物的科学价值、历史价值和艺术价值，对复原工作的绘制人员具有较高的要求。复原者需要具有良好的考古专业基础理论知识，又有多年的考古绘图经验和娴熟的绘画技能，这样的复原图才具备学术研究的价值，并符合艺术审美的标准。

另外，在工作当中，我们必须把文物搬运过程中产生的风险降到最低，这是整个工作过程中所有人员都时刻要注意的问题。文物搬移、放置均由博物馆内部专业人员完成，拍摄、测量和观察时都必须谨慎触碰，动作适度，轻拿轻放。对于一些不便拿出展柜或容易损毁的器物，都选择隔着展柜拍摄，最大程度地避免二次移动造成的损害。

2. 三门峡庙底沟彩陶纹饰复原工作的学术价值

仰韶文化是一个延续时间长，分布范围广，文化内涵丰富且复杂的文化，是中国最为重要的新石器时代文化之一。严文明先生提出多元一体“重瓣花朵”理论，认为整个中国的新石器时代文化就像一个巨大的重瓣花朵，中原居于核心即花心位置[①]。仰韶文化与中原龙山文化及夏商周文化地域相同、文化传统一脉相承，是奠定中华文明优秀基因的重要文化[②]，在中华文明起源过程中占有重要的地位。而庙底沟时期是仰韶文化发展的高潮，其彩陶纹饰是诸多学者研究的热点。“仅由装饰艺术的角度而论，庙底沟文化彩陶应当是史前艺术发展达到的第一个高峰，当时已经有了成熟的艺术理论，题材选择与形式表现都有非常一致的风格。”[③]

我们此次对庙底沟遗址出土的彩陶纹饰复原和研究，不同于以往的复原工作。在科学复原和修复的基础上，把每一件彩陶纹饰 360° 展开，充分显示其完整的面貌，这对于研究彩陶纹饰的含义、来源、演变发展以及新石器时代不同地区文化的交流与碰撞等都具有重要的参考意义，对研究和解决仰韶文化类型问题提供重要的学术资料，亦对探讨仰韶文化在中国文明起源过程中的地位具有重要的意义。

① 严文明．中国史前文化的统一性与多样性 [J]. 文物，1987(3).

② 魏兴涛．从文化到文明化——仰韶文化百年历程及其文明化成就 [J]. 华夏考古，2021(4).

③ 王仁湘．中国史前的艺术浪潮——庙底沟文化彩陶艺术的解读 [J]. 文物，2010(3).

3. 对三门峡庙底沟博物馆的陈列展览和未来发展的意义

三门峡庙底沟博物馆展出庙底沟遗址第二次发掘出土的彩陶有400余件①，以"花开中国"为主题对其进行了展示。21世纪以来，博物馆强调"以人为本"，博物馆的陈列展览为当代的社会和发展服务、为社会大众提供知识和信息、为提高全民族和全人类的精神文化素质而工作，这是"以人为本"的特征之一②。而博物馆如何形象地表达这一主题，让观众能够显而易见地理解何为"花开中国"至关重要。陈列中的彩陶无法充分而完整地展示纹饰，借助动态演示和图片展示，能够同时打开观众的视听感官，让观众更加喜爱和接受，并且还能够保证内容的真实性和科学性。因此，对该馆彩陶纹饰进行完整、科学、艺术地复原，不仅能够为博物馆的陈列设计提供有价值的材料，也有利于博物馆未来的策展和文化的传播。

在三门峡庙底沟博物馆的工作中，我们总结出了不少科学的、珍贵的拍摄和考古绘图的经验与方法，在绘图和纹饰复原方面进行了改进和创新，这种大胆而新颖的尝试对今后同类工作的展开具有借鉴意义。这次工作的成果，对考古和文物保护与修复领域都提供了有价值的资料，具有珍贵的学术意义；同时，也为三门峡庙底沟博物馆在展览展示服务方面的创新和博物馆未来的发展提供了重要助力。

① 张翼．丹青不渝——三门峡庙底沟博物馆里的彩陶[J]．文物鉴定与鉴赏，2022(11).

② 王红英．博物馆如何"以人为本"[C]．新世纪博物馆的实践与思考——北京博物馆学会第五届学术会议论文集．北京：北京燕山出版社，1997.

贰

庙底沟类型彩陶及其纹饰

仰韶文化

仰韶文化，是黄河中游地区一支重要的新石器时代彩陶文化。其分布区域、文化面貌等详见第壹部分。

庙底沟类型

早在 1965 年，苏秉琦先生依据陶器演变规律从类型学角度论述了半坡类型和庙底沟类型的关系：“半坡类型和庙底沟类型是仰韶文化在其长期发展过程中形成的诸变体中两种主要的变体，而不是‘仰韶文化先后发展的两个阶段’。”①

庙底沟类型和半坡类型同属于仰韶文化，其年代和地域分布都呈现出一种交叉的关系，它们分别代表着仰韶文化发展历程中的两个不同阶段。虽然有一定的共同因素，但各自都具有独特的文化面貌。仰韶时期已经有了一定规模的定居村落，因此半坡类型和庙底沟类型在生业经济上的共同点都是以农业为主，但半坡时期的渔猎生产相对占有较大的比重，而庙底沟时期则是家畜的饲养占较大比重。因为生活的必需和农业的发展需要一定的器物储水和浇灌，半坡时期的代表性器物——用于汲水的尖底瓶，这时已不多见，取而代之的是大量的曲腹碗、盆和罐。

① 苏秉琦 . 关于仰韶文化的若干问题 [J]. 考古学报，1965（1）.

庙底沟类型彩陶及其主要纹饰特征

庙底沟类型属于仰韶文化中期遗存，年代为公元前3900～前3600年，主要分布于豫西、晋西南和关中东部地区，但根据考古发掘的不断进步，我们发现其分布范围非常广泛，西至甘肃省东部地区，北达内蒙古的西南部，是半坡类型所不及的。

在传统学术观念中，我们常常讨论的庙底沟类型中心区域主要为河南、山西、陕西，主要遗址有河南陕县（今三门峡市陕州区）庙底沟、灵宝西坡、灵宝北阳平、汝州洪山庙、渑池仰韶、济源长泉、新安麻峪；山西翼城北橄、夏县西阴村、侯马乔山底、垣曲小赵、芮城西王村、汾阳段家庄、汾阳任家堡、河津固镇、洪洞耿壁；陕西华县泉护村、扶风案板、陇县原子头、宝鸡福临堡、华阴南城子、阮家坝、马家营、华阴西关堡等。

庙底沟类型陶器以泥质陶为主，夹砂陶为辅，且红色较多，灰色较少，基本不见黑色。制法一般是泥条盘筑，偶有手工捏制，这一时期已经出现了慢轮制陶法。纹饰有绳纹、旋纹、乳丁纹、锥刺纹、附加堆纹等。卷沿曲腹盆、钵、敛口瓮、夹砂罐、彩陶罐、重唇外伸小口尖底瓶是这一时期的典型器物。彩陶制作早期时多不施陶衣，后期出现少量红色或白色陶衣，主要器形是碗、曲腹钵、敛口钵、曲腹盆。纹饰主要有花瓣纹、勾连纹、弧线三角纹、网纹、鸟纹等。彩陶的用彩有红与黑两色，黑色多于红色，内彩和内部纹饰较少见。

苏秉琦先生概括道：庙底沟类型最具典型性的器类出自泉护村遗址，有植物花纹图案彩陶盆、鸟形花纹彩陶盆、双唇小口尖底瓶、曲腹钵、夹砂陶罐等。

植物花纹中，主要由类似蔷薇科的覆瓦状花冠、蕾、叶、茎蔓结合成图。第二种为类似由菊科的合瓣花冠构成的盘状花序。两种图案在泉护村仰韶文化遗存中一般各自成图，序列完整，而在庙底沟遗存中有时把两种花冠结合成图。这类“花”纹饰连接交错构图，单元格不易分割，理解起来有些困难，难以分清起点与终点的绘图笔法，但苏秉琦先生经过研究，认为只要以它的交叉斜曲线为界线，就可以把单元区分开，看出其基本组合构成。

根据庙底沟文化彩陶纹饰图样上的构图元素，大致可将其纹饰分为象生类和几何形两大纹饰系统，其中几何形纹饰的彩陶数量较多，又可以分为线形、三角形和多边形、圆弧形这三种类型。

（一）象生类纹饰

1. 鸟纹

鸟纹，是庙底沟类型最富有文化辨识度和代表性的纹饰图样。简单来说，庙底沟类型的代表就是鸟文化，与半坡文化的鱼文化不同。庙底沟类型的遗址中出土的彩陶器表上的鸟纹饰都是头朝右、尾朝左，分站立式和飞翔式两种。鸟纹的彩陶以华县泉护村遗址出土最多且变化大，早期鸟纹更接近写实，到了晚期则更偏向抽象。

2. 蟾蜍纹

庙底沟文化出土的蟾蜍纹虽不多见，但却非常典型，大多是由大小不一的斑点组成的圆形身子，构图较为简单。陕县庙底沟、华阴西关堡、华县泉护村、临汝北刘庄等遗址，都出土了蟾蜍纹彩陶。

和其他象生类纹饰图样相比较，蟾蜍纹的写实性表现得更加突出。早期多使用实心圆点来表现身上的斑点，庙底沟类型之后则较多地绘制网格纹用来表达蟾蜍的身体。蟾蜍纹，在不同类型、不同地域的文化中都能看到它的存在，它是生命力和繁育力旺盛的体现，充满了古人对生命的敬畏与期待。庙底沟文化的蟾蜍纹似乎总是圆鼓鼓的肚子，举着双手创造生命、迎接生命、敬畏生命，这也许正是庙底沟先民们想表达的繁衍生命、不惧变化的内涵。

3. 鱼纹

鱼纹总被当作是半坡文化的主要标志，鸟纹则是庙底沟类型的标志。随着考古发现的不断增多，半坡类型与庙底沟类型中都发现鸟纹、鱼纹或鸟鱼共有的纹饰。二者间既存在联系，又有区别。彩陶纹饰中的鱼纹大致可分为三种：一是写实性较强的具象鱼纹，二是符号化的抽象鱼纹，三是介于两者之间的抽象化鱼纹。庙底沟遗址彩陶中的写实性鱼纹，虽构图不完全相同，但基本上都是以写实的方法表现鱼体，且都较多使用网格线来表示鱼鳞。勤劳智慧的庙底沟先民们创造出了带有自己文化属性的鱼纹，它更像是一种简体鱼纹，鱼的身子与头部皆被省略掉，但前端还留有一个实心圆点来表示鱼头。这种典型鱼纹的分布范围较广，在晋南翼城北橄、新绛光村、洪洞耿壁等遗址中都有发现，表现特点是两尾合拢；而在陕西的华县泉护村、华阴南城子和扶风案板及甘肃秦安大地湾等遗址出土的鱼纹彩陶中，简体鱼纹的两尾则张得更开一些。

4. 眼目纹

眼目纹这种象生类纹饰，有的是和眼目相关联的器官共同构图，有的则是抽象兽面类的纹饰。从铜川李家沟遗址出土的彩陶残片来看，眼目纹的尺寸不大，但搭配上其他器官呈现出龇牙咧嘴的形态，就给人以恐怖之感；而庙底沟遗址出土的眼目纹彩陶罐，虽然也在眼目的四周装饰了旋形的线条，但在视觉上仍然给人一种狰狞之感。然而，华县泉护村和翼城北橄这两个遗址彩陶残片上的眼目纹，却没有那么严肃，类似鸮。

眼目纹，是庙底沟先民对眼睛的直观表现。明目，使人明智。或许庙底沟先民是想通过对眼目的放大化表达，期盼部落里的族人看得更远、更高，能够洞悉危险、品查环境。或许在庙底沟先民们伟大的宏图里，眼目是捕捉和把握一切美好事物的第一步，它是明亮的明天、光明的未来的象征。

（二）几何形纹饰

1. 线形纹饰

宽带纹和网格纹是庙底沟类型的彩陶纹饰中线形几何纹的主要表现形式。宽带纹只有宽窄的变化，而网格纹在不同的组合形式中所产生的变化就比较丰富多样。

（1）宽带纹

宽带纹大多被绘制在彩陶口沿下面，形成一条独立的带状纹饰，其下方或不再绘制其他纹饰，或只绘制和宽带纹相关的简单纹饰。有时候也在口沿上上彩，但纹饰带较窄。可以说，宽带纹只有宽窄上的区别，主要装饰在小型钵上，其他器类上发现较少。

（2）网格纹

网格纹较多的被当作纹饰图案的填充元素，经常在方形、圆形或是菱形图案的内部使用网格纹来进行填充；网格纹也会与别的纹饰相互组合，形成一组较为连续的纹饰图案单元；在个别情况下，网格纹也会被当作独立的纹饰。

无论是宽带纹，还是网格纹，都是庙底沟类型早期简单几何纹的表现。

2. 三角形和多边形纹饰

（1）三角形纹

相比于半坡文化中的三角纹彩陶，庙底沟类型发现得比较少，大多数都被表现成等边三角形。绝大部分三角纹左右对称，组成一条二方连续的纹饰隔断单元。

（2）菱形纹

菱形纹大多不是独立呈现，而是搭配几个三角形元素组合而成。大体上可分为四周被四片花瓣纹包围的菱形纹、由三角纹组成的独立的典型的菱形纹，在尖扁形椭圆中心绘制网格纹，庙底沟遗址出土最多。

（3）四边形纹

尽管平行四边形或正四边形纹饰在彩陶图案中较为常见，但庙底沟类型彩陶上的四边形纹饰大多不具备四边形的典型特征，而是以四边形为主体，内部搭配以其他纹饰元素。

3. 圆弧形纹饰

圆弧形几何纹是庙底沟类型彩陶纹饰图样中数量最多的，且极具特色和内涵。其中连弧纹、西阴纹、花瓣纹、旋纹等是庙底沟类型圆弧形几何纹中的典型。

（1）连弧纹

依据王仁湘先生对彩陶纹饰的细致分类，根据其不同的表现形式、排列构图和变化，可将庙底沟类型纹饰图样中的连弧纹分为以下八种样式。

一是曲线式连弧纹，是标准的连弧纹，左右的弧形紧密相连组成一条曲线的纹饰带。

二是垂帐纹，即一般意义上的连弧纹，是指直接使用弧线或其他弧形元素搭配构图，有时也会使用圆点或水平线等进行装饰的纹饰。

三是地纹连弧纹。

四是带隔断的简单连弧纹。隔断是在两弧之间绘上其他纹样。

五是重叠连弧纹，即大部分的纹饰都是重叠的。

六是横式圆点多重连弧纹。

七是纵式圆点多重连弧纹。

八是新月形弧形纹饰竖向排列组成的新月式排弧纹。

（2）西阴纹

西阴纹是四周涂以黑彩作衬地，突出中心部位的弯角图案，西阴纹是“中国考古学之父”李济先生在夏县西阴村遗址做研究时发现的。这种独特的弯角状的纹饰，每个图案的左边表现为一个宽头，而右边的弧被收起来形成一个尖角，中间或是搭配圆点，或是搭配斜线。值得一提的是，类似的纹饰在其他文化的彩陶中完全没有发现。另外，张朋川先生又将西阴纹看作是简化形式的鸟形纹的侧视图。总之，西阴纹就成为庙底沟类型彩陶纹饰中比较具有代表性的图样。

（3）叶片纹

叶片纹多右上斜，且以二方连续的排列方式构图，呈现出一种内在的动态感。有的叶片纹中间圆点，有的叶片中心加几条线，也有前两者的综合形式或叶片呈不规则状。在叶片纹的组合纹饰中，叶片纹经常和圆形或椭圆形图案组合在一起，此时叶片纹就与圆形或椭圆形形成单元，圆形或椭圆形图案是主要纹饰，叶片纹则是隔断。

（4）花瓣纹

在庙底沟文化的彩陶纹饰中，花瓣纹最多。双瓣的花瓣纹可被认为是对叶纹，即另一种形式的叶片纹。四瓣纹则是一种地纹，多是由四片叶子构成向心状的图案。多瓣式的花瓣纹大多是指由五瓣或六瓣的花瓣纹构成的一种复合式的花瓣纹。

（5）圆圈纹

除去大小圆点以外的所有圆形纹饰都可以被看作是圆圈形纹。可大致分为正圆圈纹、圆圈纹和圆盘形纹三种：正圆圈纹和圆圈纹实际上是被绘彩包裹起来的地纹圆圈纹，而圆盘形纹则是绘在前两种圆圈纹之中的圆圈纹。若是按照圆点内添加的元素就可分为单点穿圆、双点穿圆和横线穿圆这三种。

（6）旋纹

旋纹属于地纹，可分为单旋纹和双旋纹。单旋纹是由旋心和旋臂组成单方向的图案，旋臂向上或是向下，以顺时针方向为主，旋心较大，有的中间绘圆点，有的不绘。双旋纹一般有两个旋臂，且成上下或左右的形式排列，旋心不大位于中心，且大多绘有圆点。

综上所述，彩陶纹饰蕴含着庙底沟先民的智慧与思维观念。连弧纹微微弯曲的弧度，像是庙底沟先民们古朴粗拙地表现眉头的一种方式，又像弯弯的月牙，搭配其他纹饰元素，更像是庙底沟人对山峰、云彩、土丘的描摹表达，饱含着庙底沟人对大自然的热爱。西阴纹，是庙底沟人的独创，无论是被看作侧视图的鸟形纹还是眉纹，它都是静态图形向动态视图的尝试与过渡，是庙底沟人最光辉的纹饰符号。叶片纹与花瓣纹密切相关，都是庙底沟先民热爱植物的表现，也给庙底沟文化增添了些许浪漫的气息。更加复杂的花瓣纹则是庙底沟人表达意识质的飞跃，它是庙底沟先民对复合图案追求的经典表现。圆圈纹与旋纹既独立又相互组合，前者更加偏向于静态的圆圈，后者则是更动感的连续式图案，给人以复杂的视觉冲击，将庙底沟纹饰的艺术审美推向了最高峰。

四

总结

总的来说，就庙底沟彩陶的纹饰内涵而言，庙底沟文化的彩陶纹饰艺术凝结、包含着庙底沟先民对自己部落的族属、信仰、大自然、历法、宇宙观念等各个方面的意识和认知，从其对纹饰主题的突出表现也可看出，勤劳智慧的庙底沟先民已经逐步进入到一个更加文明的社会。

早期纹饰多具象，以直线和由其排列组合而成的块状图案居多，以鱼、鸟等为代表的象生形纹饰皆被描绘得简洁生动，平衡且对称；中期较多使用点和面的几何元素，写实性的图案也大多被花瓣纹、旋纹、连弧纹等及与其他抽象纹饰所共同构成的抽象图案所替代；晚期纹饰在已有纹饰的基础上，更加展现出其自身的文化特色，复杂纹饰越来越多地展示出庙底沟先民在农事生活中对天文历法等自然现象的认识，原始而又神秘的图腾崇拜与自然崇拜逐渐融入氏族部落的生产与生活。

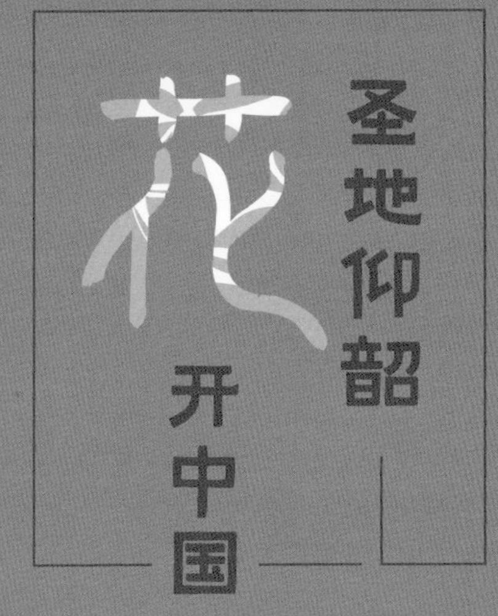

仰韶文化彩陶纹饰复原研究

后记

庙底沟彩陶是中国史前陶器艺术的巅峰之作，不仅在考古领域占有重要的地位，在美术与艺术领域也素有盛名。我自幼学习美术，在中国社会科学院考古研究所工作期间，对庙底沟彩陶纹饰一直有较多的关注，并逐渐对其产生了浓厚的兴趣。此前，我承担并完成了内蒙古赤峰市敖汉旗大甸子墓地夏家店下层文化彩绘陶器纹饰的复原及展开工作，取得了较好的效果，也积累了一定的经验。2023 年春，恰逢庙底沟遗址所在地——河南省三门峡市计划召开第二十八届三门峡黄河文化旅游节，旨在宣传和弘扬中原地区优秀传统文化，仰韶文化是其中极为重要的一部分。三门峡市文化广电和旅游局毋慧芳局长与我联系，希望我能够承担与庙底沟彩陶相关的部分工作，经单位领导批准，我便开始投入到这项工作中，这是此项工作的缘起。

这项工作自 2023 年 3 月开始，主要是绘制庙底沟遗址出土彩陶纹饰的复原与展开图。基于此次工作的成果，其后又顺利完成了“圣地仰韶 · 花开中国”主题活动的文创及服装设计，前后共历时 4 个月，基本达到了预期的目标，获得了社会各界的较高评价。工作期间，三门峡市人民政府副秘书长贾成伟亲临现场指导，工作过程中也得到了诸多师友的帮助，河南省文物考古学会孙英民会长，郑州市文物局顾万发局长，三门峡市文化广电和旅游局毋慧芳局长、赵旭阳副局长，河南三门峡庙底沟博物馆王宏民馆长、张翼副馆长为本项工作的顺利进行提供了诸多便利；郑州市文物考古研究院郝世华、樊丽君，敖汉旗文化馆刘丽华承担了较多拍照及纹饰绘制工作，赤峰学院历史文化学院 2021 级文物与博物馆专业硕士研究生徐瑷琳、冯世昌承担了较多器物描述、文字记录等工作，在此一并致谢。

习近平总书记指出：“让收藏在博物馆里的文物、陈列在广阔大地上的遗产、书写在古籍里的文字都活起来。”庙底沟彩陶纹饰复原与研究是贯彻落实习近平总书记重要讲话精神的一次有益的尝试，未来期冀以庙底沟彩陶为代表的优秀传统文化因素，能够被更多的人看到，被世界看到。在此也诚挚地希望本次工作所获得的成果和经验能够为此略尽绵薄之力，与诸位同仁协同奋进，让中国的优秀传统文化在当代得到传承与发展。

鉴于红山文化与夏家店下层文化代表了西辽河流域新

石器时代至早期青铜时代文化发展的两个高峰期，而红山文化与仰韶文化之间有明显的文化交流关系，此项工作也得到了郑州市文物考古研究院的大力支持，故将本书纳入郑州市文物考古研究院与中国社会科学院考古研究所合作课题“中华文明腹心地带青铜文化与东北地区夏家店下层文化的比较研究”的阶段性成果。

本书的编辑出版工作得到了文物出版社的大力支持，在此对张自成社长表示衷心感谢。孙丹女士作为本书的责任编辑，付出了辛勤劳动，一并致谢。

本书的不足之处，敬请各位同仁批评指正。

王芊

2025 年 5 月 15 日